The Hands On
FRENCH
COOKBOOK

CONNECT WITH FRENCH THROUGH SIMPLE, HEALTHY COOKING

Elisabeth de Châtillon

The Hands On French Cookbook:
Connect with French through Simple, Healthy Cooking

Copyright © 2020 by Elisabeth de Châtillon

Published by Elisabeth de Châtillon
Nashville, TN

Printed in the USA

All rights reserved.
No part of this publication may be reproduced, distributed, or transmitted in any form or by any means, including photocopying, recording, or other electronic or mechanical methods, without the prior written permission of the publisher, except in the case of brief quotations embodied in critical reviews and certain other noncommercial uses permitted by copyright law.

Book Design: Ann Gowan-Smith
Cover Design: Kathy Mitchell
Photography: Jamie Wright
Illustrations: Clémentine Latron

ISBN: 978-0-578-68382-9

TO MAMAN, PAPA, FLORENCE, JEAN-HUGUES, RON, NICOLE, SIMONE, EMMA, EMILY, MILES AND EVERYONE WHO LOVES FRENCH FOOD AND CULTURE.

For recordings that go with this book, please visit **www.handsonfrench.com**.
You can listen to Elisabeth's voice as she reads the ten main recipes. It will help you reference and practice the French pronunciation as you read this book at your own pace.

CONTENTS

INTRODUCTION 1
LEARN FRENCH THE FUN WAY: HOW TO USE TOTAL PHYSICAL RESPONSE (TPR) TO LEARN A NEW LANGUAGE 2
APPRENDS LE FRANÇAIS EN T'AMUSANT : COMMENT UTILISER LA RÉPONSE PHYSIQUE TOTALE (RPT) POUR APPRENDRE UNE SECONDE LANGUE 3
FURTHER READING—TPR 5
RESSOURCES—RPT 5
COOK LIKE A CHEF! 6
CUISINE COMME UN CHEF ! 6
    Some Golden Rules 6
    Quelques règles d'or 6
    Tips for Measuring 7
    Conseils pour mesurer 7
    Safety Tips 8
    Conseils de sécurité 8
THE METRIC SYSTEM 9
LE SYSTÈME MÉTRIQUE 9
READING THE RECIPES 10
    Recipe Icons 10
    Translation of the Main Recipes 11
PLATS PRINCIPAUX 14
MAIN DISHES 14
    Quiche sans pâte aux courges jaunes, ricotta et parmesan 16
    Crêpes de sarrasin au saumon 24
    Lentilles vertes du Puy au chèvre frais et aux noix 34
    Salade niçoise au quinoa 44
    Gratin de pommes de terre 54
DESSERTS 64
DESSERTS 64
    Mousse soyeuse au chocolat 66
    Crêpes d'épeautre sucrées 74
    Clafoutis aux abricots 84
    Gâteau au yaourt 94
    Galette des rois à la crème d'amandes 104
APPENDICE 116
APPENDIX 116
PLATS PRINCIPAUX : VARIATIONS 117
MAIN DISHES: VARIATIONS 117
    D'autres quiches sans pâte aux légumes de saison 118
    D'autres plats au quinoa 124
DESSERTS : VARIATIONS 130
DESSERTS: VARIATIONS 130
    Mousse au chocolat traditionnelle 131
    D'autres clafoutis aux fruits de saison 133
    Gâteau au yaourt et aux fruits de saison 137
    D'autres galettes des rois 139
ACKNOWLEDGMENTS/ABOUT THE AUTHOR 144

"What the hand does, the mind remembers."

— Maria Montessori

© Jeff Danley

Hello! Bonjour ! Salut !

Thank you for opening this bilingual cookbook and stepping into my small, cosy red kitchen in Nashville, Tennessee. Let me share some of my story with you.

Once upon a time, Il était une fois, about 20 years ago, I came to Nashville to visit some friends. I ended up staying because… Guess what?… I fell in love at first sight with Ron, a super-cool American musician, who is my dear, mon chéri, now. And so, et voilà, I became a home cook, practicing what I had learned by watching my mother and Florence, my sister, in France. I have been able to indulge my love of cooking and sharing simple, good food with my husband and our friends ever since I've been in the United States.

For me, the energy and love I feel while cooking is a gift not only to myself but also to the people I share these meals with. In France, we love to socialize around a table of good food at home or in restaurants. I must say that I miss French food and the social aspect of mealtimes in France, but luckily I am able to return there twice a year for a month or two of good times, bons moments, with family and friends.

It is exciting to live between two worlds. Adapting to a different culture and way of living is also a great life experience, although it's not always easy! I will always feel attached to my roots, my old world, although I try to be flexible and open in my new world.

Along with being a French home cook, I have been able to pursue my love of teaching, which started around the age of 10, when I was learning the piano and was very driven to teach my sister—even though my brother kept making fun of my playing! (He is a teaser, taquin, but I love him.) Afterward, a winding path led me to teach French and English in Italy, where I lived for three years, following two years in London, where I worked in marketing. England was fun, but Italy was my favorite! I can't wait to live there again. But I digress. Let's get back to the topic! Revenons à nos moutons ! After my fun abroad, I returned to Paris to qualify as an elementary school teacher. I then taught children aged 5 and 6 at the École internationale bilingue (a bilingual international school—just as its name suggests) in Paris for three years. I also spent two wonderful but challenging years working with children aged 4 to 14 with developmental disabilities at the Externat médico-pédagogique et hôpital de jour (a specialized institution for children and adolescents with physical and mental disabilities) near Paris.

After these adventures, I landed on the other side of the big pond in Nashville, TN. There followed an interesting but rough ride in two inner-city schools, teaching French and English as a second language to boisterous teenagers. That experience convinced me it was time to go out on my own, de voler de mes propres ailes, as a freelance teacher. I started a small business named Hands On French, because I thought the French expression "mettre les mains à la pâte"—to put one's shoulder to the wheel—perfectly encapsulated not only my teaching approach but also my experience with interactive methods and concepts, such as Maria Montessori's "What the hand does, the mind remembers" and TPR (Total Physical Response), a fun approach that teaches language acquisition through commands and body movements, the same way you learned your native language. (I first encountered it in a very entertaining week-long workshop to learn Spanish and observe how the Spanish was actually being taught.)

Because I love cooking simple, healthy food as well as teaching French interactively in the spirit of TPR, I was inspired to write a cookbook that would combine the two. I hope this cookbook will inspire you to explore the French language while you prepare meals based on traditional French dishes made with fresh, seasonal ingredients. This book is not about becoming a chef or a fluent French speaker. It's about showing you that cooking simple, healthy food and practicing French don't have to be complicated—even when you do both at the same time. Cook and explore French, taste and savor the flavors, and enjoy your meals like a native French person while practicing some French.

If you're here to cook, make this cookbook your own. Yes, there are only ten recipes, but each recipe can be customized for different tastes, for dietary restrictions, and for use with whatever fruits and vegetables are in season at the time you're cooking. I've gathered the best tips and tricks for each recipe that I've learned from experience, reading, and teaching and included them here for you to use as you wish.

For me, food is as effective as medicine when it comes to preserving health, but what we eat affects much more than our health. Trusting local products and respecting the environment help us reduce our carbon footprint and improve our relationship not only with the community, local shops, and farmers, but also with food. Choose well, eat well. Choisis bien, mange bien. I wrote this cookbook with this philosophy in mind, and I invite you to consider this as you cook.

If you're here to practice French, cooking the recipes will help you actively learn the language. Each recipe is a focused learning scenario centered around cooking. Begin by reading the bilingual lists of ingredients, utensils, and command verbs (for example, "mix," "pour," and "bake"), then move on to the step-by-step instructions. The vocabulary list and list of command verbs will help you absorb new vocabulary and language conventions through TPR (see "Learn French the Fun Way," on page 2), and the chatty commentary shares fun facts about French culture and history. In the introductory pages of the book, I have included the English and French translations of some helpful tips to help you practice in French. I'm not saying it will be easy, but learning a language is well worth the effort, because you learn not only the language but also the culture and the lifestyle of the people who speak the language. I hope these learning experiences will open your eyes, ears, and taste buds. My bilingual experience has been very positive and has allowed me to evolve as I have become able to better communicate with others and to better understand different worlds and even different continents. I hope you have this experience as well.

No matter what brought you here, whether you want to cook, practice your French, or both, have fun! Amuse-toi bien !

Elisabeth

LEARN FRENCH THE FUN WAY:
HOW TO USE TOTAL PHYSICAL RESPONSE (TPR) TO LEARN A NEW LANGUAGE

Total Physical Response (TPR) is a fun tool that allows you to learn a new language (French, in this case) through commands and body movements—the same way you learned your first language.

In TPR for learning French, for example, your teacher gives you commands in French. (In the context of this book, these would be the command verbs in the recipes, such as "mix," "chop," "combine," etc.). You respond by making the physical movement that corresponds to the verb (imitating mixing, for example) to show your teacher that you understood.

There's no need for you to repeat what your teacher says, but a good laugh is allowed!

Just **LOOK AT** and **LISTEN TO** your teacher as if he/she were a director and you were an actor on the stage.

> *"TELL ME AND I FORGET,*
>
> *TEACH ME AND I MAY REMEMBER,*
>
> *INVOLVE ME AND I WILL LEARN"*
>
> - Chinese proverb

It's so easy and fun to learn new vocabulary and even grammar with TPR! For example, when you follow a recipe, you're given commands like "pour," "add," and "mix" in French. As you perform these actions repeated several times, they will become part of your muscle memory. This is TPR.

While you're cooking, be mindful of your actions and remember the French for those actions at the same time. "When I coupe, I cut... I am cutting now." "When I mélange, I mix... I am mixing now." This way, you learn French while you learn to cook healthy, simple recipes. In other words, you kill two birds with one stone.

The bilingual vocabulary lists of ingredients and utensils, as well as the highlighted command verbs in each recipe, will help you.

So **TRY** TPR, in your kitchen or at school, and **LEARN** French the fun way!

See page 5 for a list of resources if you want to learn more about TPR.

APPRENDS LE FRANÇAIS EN T'AMUSANT : COMMENT UTILISER LA RÉPONSE PHYSIQUE TOTALE (RPT) POUR APPRENDRE UNE SECONDE LANGUE

LA RÉPONSE PHYSIQUE TOTALE (RPT) est un outil amusant qui te permet d'apprendre une nouvelle langue (le français dans ce cas) grâce à des instructions et des gestes, de la même façon que tu as appris ta langue maternelle.

Pour apprendre le français avec la RPT, par exemple, ton (ta) prof te donne des instructions en français. (Dans le contexte de ce livre, ce sont les verbes à l'impératif [actions] dans les recettes, tels que « mélange », « coupe », « combine », etc). Tu réponds par le geste spécifique qui correspond au verbe (en imitant mélanger, par exemple) pour montrer à ton (ta) prof que tu as compris.

Pas besoin de répéter ce que ton (ta) prof dit, mais tu as le droit de rigoler un bon coup !

REGARDE et **ÉCOUTE** tout simplement ton (ta) prof comme s'il était (si elle était) un metteur (une metteuse) en scène et tu étais un acteur (une actrice) sur la scène.

> *« DIS-MOI ET J'OUBLIE,*
>
> *ENSEIGNE-MOI ET IL SE PEUT QUE JE ME RAPPELLE,*
>
> *IMPLIQUE-MOI ET J'APPRENDRAI »*
>
> - Proverbe chinois

Trop facile et amusant d'apprendre du nouveau vocabulaire et même de la grammaire avec la RPT ! Par exemple, quand tu suis une recette, on te donne des instructions en français comme « verse », « ajoute » et « mélange ». Quand tu accomplis ces actions répétées plusieurs fois, celles-ci vont finir par s'imprimer dans ta mémoire musculaire. C'est la RPT.

Pendant que tu cuisines, sois attentif (attentive) à tes actions et souviens-toi en même temps du français correspondant à ces actions. « Quand je coupe, je coupe… je suis en train de couper maintenant. » « Quand je mélange, je mélange… je suis en train de mélanger maintenant. » Comme ça, tu apprends le français en même temps que tu apprends à cuisiner des recettes simples et saines. En d'autres mots, tu fais d'une pierre deux coups.

Les listes de vocabulaire bilingue des ingrédients et ustensiles ainsi que les verbes à l'impératif (actions), mis en relief dans chaque recette, vont t'aider.

Alors **ESSAIE** la RPT, dans ta cuisine ou à l'école, et **APPRENDS** le français en t'amusant ! Va à la page 5 pour une liste de ressources si tu veux en apprendre plus sur la RPT.

© Jeff Danley

FURTHER READING—TPR
RESSOURCES—RPT

BOOKS/LIVRES

James J. Asher, *Learning Another Language through Actions.* Expanded 7th edition. Sky Oaks Productions, 2012.

Eric P. Jensen, *Tools for Engagement: Managing Emotional States for Learner Success.* Sage Publications, 2003.

Stephen D. Krashen, *Foreign Language Education the Easy Way.* Language Education Associates, 1998.

Blaine Ray and Contee Seely, *Fluency through TPR Storytelling: Achieving Real Language Acquisition in School.* 2nd edition. Command Performance Language Institute, 1998.

WEBSITES/SITES WEB

CALA (Center for Accelerated Language Acquisition) at Middle Tennessee State University: mtsu.edu/cala/index.php

TPRS Books: tprsbooks.com

Command Performance Language Institute: www.cpli.net

COOK LIKE A CHEF!
CUISINE COMME UN CHEF !

SOME GOLDEN RULES

- **PUT ON** an apron and **WASH** your hands.

- **READ** the recipe carefully all the way through. (Look for the words you don't know or ask for help if necessary.)

- **CHECK** the prep and cooking times.[1]

- **PREPARE** all the ingredients and **GATHER** all the utensils you need before you start cooking.

- **MEASURE** everything carefully.

- **WASH** and **TIDY UP** everything afterward.

And always **REMEMBER**: When it comes to cooking, go with the flow and **HAVE FUN** as well!

QUELQUES RÈGLES D'OR

- **METS** un tablier et **LAVE**-toi les mains.

- **LIS** attentivement toute la recette. (Cherche les mots que tu ne connais pas ou demande de l'aide si nécessaire.)

- **VÉRIFIE** les temps de préparation et de cuisson.[2]

- **PRÉPARE** tous les ingrédients et **RASSEMBLE** tous les ustensiles dont tu as besoin avant de commencer à cuisiner.

- **MESURE** bien tout.

- **LAVE** et **RANGE** tout après.

Et **RAPPELLE-TOI** toujours : quand il s'agit de cuisiner, prends les choses comme elles viennent et **AMUSE-TOI** aussi !

---

[1] Note: preparation and cooking times given for each recipe may vary according to your cooking ability and experience and your oven.

[2] Note : les temps de préparation et de cuisson donnés pour chaque recette peuvent varier selon tes compétences et expérience en cuisine, et ton four.

TIPS FOR MEASURING

In France, when we cook we simply use our regular teaspoons or soup spoons as a teaspoon or tablespoon measure. They're about the same size as the cooking teaspoons and tablespoons used in North America.

Example in a recipe:
> 1 cuillère à soupe d'huile d'olive pour huiler le moule à tarte
> **1 tablespoon olive oil to oil the pie pan**

- **USE** kitchen scales or a measuring cup for best results.

  No scales or measuring cups?

- **MEASURE** the ingredients with simple measuring tools:

Flour	Sugar
1 level tablespoon[3] = ⅓ oz (10 g)	1 level tablespoon = ½ oz (15 g)
1 heaping tablespoon = 1 oz (30 g)	1 heaping tablespoon = 1 oz (30 g)

CONSEILS POUR MESURER

- **UTILISE** une balance ou un verre doseur pour obtenir de meilleurs résultats.

  Pas de balance ou de verre doseur ?

- **MESURE** les ingrédients avec de simples instruments de mesure :

Farine	Sucre
1 cuillère à soupe rase = 10 g (0,35 oz)	1 cuillère à soupe rase = 15 g (0,5 oz)
1 cuillère à soupe bombée = 30 g (1 oz)	1 cuillère à soupe bombée = 30 g (1 oz)

[3] REMINDER: USE 1 soup spoon from your kitchen silverware drawer as a tablespoon, like a French chef!

SAFETY TIPS

- **BE CAREFUL** when using knives.

  Always be very careful **to avoid cutting yourself** when using a knife while you are cooking!

- **BE CAREFUL** with the stove and the oven.

- Always **PLACE** the pan handles toward the rear of the stove so that you don't knock them over and **burn yourself!** (Ouch!)

- **DON'T TOUCH** the burners!

- Always **USE** oven mitts when taking a dish out of the oven.

- **TURN OFF** the burners and the oven when you have finished using them.

- **ASK FOR** help, if necessary.

CONSEILS DE SÉCURITÉ

- **FAIS ATTENTION** en utilisant les couteaux.

  Sois toujours très prudent (prudente) **pour éviter de te couper** quand tu utilises un couteau en cuisinant !

- **FAIS ATTENTION** avec la cuisinière et le four.

- **DIRIGE** toujours le manche des casseroles vers l'arrière de la cuisinière pour ne pas les renverser et **te brûler** ! (Aïe, aïe, aïe !!!)

- **NE TOUCHE PAS** les plaques de cuisson !

- **UTILISE** toujours des gants de cuisine pour sortir un plat du four.

- **ÉTEINS** les plaques de cuisson et le four quand tu as fini de t'en servir.

- **DEMANDE** de l'aide, si nécessaire.

THE METRIC SYSTEM
LE SYSTÈME MÉTRIQUE

The metric system is used as a standard means for measuring in France and many other countries. Here are some standard metric equivalents.

Weight		
100 grams (g)		= 3 ½ ounces (oz)
500 grams		= 17 ½ ounces
1,000 grams	= 1 kilogram (kg)	= 2 ¼ pounds (lb)
Volume		
10 milliliters	= 1 centiliter (cl)	= ⅓ fluid ounce
10 centiliters	= 1 deciliter (dl)	= 3 ⅓ fluid ounces
100 centiliters	= 10 deciliters	= 1 liter (l)
Oven Temperatures		
Degree Celsius (°C)	**Degree Fahrenheit (°F)**	**Temperature**
150°–160°C	300°–325°F	low
180°–190°C	350°–375°F	medium
190°–200°C	375°–400°F	medium to hot
200°–230°C	400°–450°F	hot

Now that you know more about the metric system, you can measure and cook like a French chef!

Le système métrique est utilisé comme moyen de mesure standard en France et dans beaucoup d'autres pays. Voici quelques équivalents métriques courants.

Poids		
100 grammes (g)		= 3,5 onces (oz)
500 grammes		= 17,5 onces
1000 grammes	= 1 kilogramme (kg)	= 2,205 livres (lb)
Volume		
10 millilitres	= 1 centilitre (cl)	= 0,33 once liquide
10 centilitres	= 1 décilitre (dl)	= 3,3 onces liquides
100 centilitres	= 10 décilitres	= 1 litre (l)
Températures de four		
Degré Celsius (°C)	**Degré Fahrenheit (°F)**	**Température**
150°–160°C	300°–325°F	basse
180°–190°C	350°–375°F	moyenne
190°–200°C	375°–400°F	moyenne à chaude
200°–230°C	400°–450°F	chaude

Maintenant que tu en sais plus sur le système métrique, tu peux mesurer et cuisiner comme un chef français !

READING THE RECIPES

Here are a few notes to help you read and understand the recipes.

RECIPE ICONS

If you have any food sensitivities or allergies, look for the icons beside each recipe. For example, if you are sensitive or allergic to dairy, look for **spl** (dairy-free) or **splp** (dairy-free variation possible).

sg	sans gluten gluten-free	**sgp**	variation sans gluten possible gluten-free variation possible
spl	sans produits laitiers dairy-free	**splp**	variation sans produits laitiers possible dairy-free variation possible
v	végétarien vegetarian	**vp**	variation végétarienne possible vegetarian variation possible

Note: In recipes marked **sg** or **sgp**, some ingredients—cheese, yogurt, mustard, or chocolate, for example—may contain gluten from food additives, so be sure to check the labels of all the ingredients you will be using in gluten-free recipes.

SEASONAL FRUITS AND VEGETABLES

While some fruits and vegetables are sold all year round, they always taste best when in season locally. Thus, each recipe indicates the best season for preparation. Check out your local farmers' markets or co-ops: their produce is so fresh and flavorful!

Example from a recipe:

> En été ou quand c'est la saison des haricots verts et des tomates dans ta région
> **In summer, or when green beans and tomatoes are in season in your region**

Local, seasonal ingredients = Great results and respect for our good earth

TRANSLATION OF THE MAIN RECIPES

In each recipe, the vocabulary lists for the ingredients, utensils, and command verbs are translated literally in italic then in more natural language directly underneath.

INGREDIENTS

Example from a recipe:

- 2 courges jaunes (ou 2 courgettes vertes) de taille moyenne
  squash yellow (zucchini green) of size medium
2 medium-sized yellow squash (or 2 green zucchini)

Note: Sometimes the literal translation will be the same as the colloquial one. In that case, you'll see only one English translation for the French, with no italic. For example:

- 4 œufs
  4 eggs

THE COMMAND VERBS (ACTION WORDS)

These are listed in order of appearance in each recipe, along with the ingredients and utensils, and will always appear in the recipe in bold and in upper-case letters.

Example list of verbs:

LES VERBES DE LA RECETTE À L'IMPÉRATIF
The verbs of the recipe in the imperative
The command verbs of the recipe

- **PRÉCHAUFFE (PRÉCHAUFFER)**   • **PRÉPARE (PRÉPARER)**
  Preheat (to preheat)   Prepare (to prepare)

Example from a recipe:

1. **PRÉCHAUFFE** le four à 180° C (350° F).
              oven

2. **PRÉPARE** le moule à cake :

Occasionally, some important or useful words that are not found in the main lists of command verbs, utensils, and ingredients are translated colloquially (in regular type below their French equivalent) so that you can understand the whole recipe. *Je l'espère !*

Example from a recipe:

COUPE les courges en **fines rondelles** à l'aide d'un couteau ou d'une mandoline, sur une planche à découper.
                in **thin slices** with the help of   on

Attention ! NE TE COUPE PAS les doigts !
Careful! DON'T CUT your fingers!

In the above example, additional translations are provided colloquially below the French text.

The French text in the sections **LES IDÉES DU CHEF, LES CONSEILS PRATIQUES DU CHEF**, and **D'OÙ VIENT…** is translated to help you develop your reading skills and to reward you for your efforts to understand the main recipe.

Example from a recipe:

LES CONSEILS PRATIQUES DU CHEF
The advice/tips practical   of the chef
The chef's practical tips

Pour vérifier que ta quiche est cuite, **ENFONCE doucement** la lame d'un couteau **propre** dans ta quiche.
To check that your quiche is cooked, **carefully insert** a **clean** knife into your quiche.

Si la lame ressort **sèche et propre**, ta quiche **est cuite**.
If the blade comes out **dry and clean**, your quiche **is cooked**.

TRANSLATION OF THE APPENDICES:

The six recipes that offer variations on recipes from elsewhere in the book are completely translated, as hopefully you have read the main recipe first.

Example of a variation:

D'AUTRES GALETTES DES ROIS
Of other   round pie   of the kings
Other Kings' Galettes

RÉALISE d'autres galettes des rois à l'aide de la recette de la **GALETTE DES ROIS À LA CRÈME D'AMANDES**
Make other kings' galettes using the **Kings' Galette with Almond Cream** recipe

à la page 104.
on page 104.

CHANGE la garniture de ta galette des rois en utilisant des fruits de saison et même du chocolat !
Change the filling of your kings' galette using seasonal fruits and even some chocolate!

GALETTE DES ROIS AUX POMMES ET À LA CANNELLE
Kings' Galette with Apples and Cinnamon

- **UTILISE :**
  Use:

- **environ 3 à 4 pommes** de taille moyenne, épluchées, épépinées, coupées en fines lamelles,
  about 3 to 4 apples[56] medium-sized, peeled, seeded, thinly sliced,

NOTES ON THE USE OF MASCULINE AND FEMININE:

In the recipes, you will encounter different forms of articles, adjectives, and nouns in French because of grammatical gender.

Example:

Un and *le* both indicate a masculine singular noun:
a   the

un plat   *le plat*
a dish   the dish

Une and *la* both indicate a feminine singular noun:
a   the

une fourchette   *la fourchette*
a fork   the fork

By the way, you will also notice in the vocabulary list of ingredients and utensils that *un* and *une* can be numeral.

Example:

un plat / 1 plat   *une fourchette / 1 fourchette*
one dish/1 dish   one fork/1 fork

Some words have both a masculine and feminine version. For these words, in the text, you will find the feminine form of the noun and adjective in parentheses, next to the masculine form.

Example:

un acteur   *(une actrice)*
an actor   an actress
masculine form of the noun   feminine form of the noun

aventureux   *(aventureuse)*
adventurous   adventurous
masculine form of the adjective   feminine form of the adjective

Don't worry too much about grammar, though. Just go with the flow and learn as you go!

Voilà ! I hope these notes will be helpful.

And don't forget that cooking can be challenging as well as fun at times—just like life—so don't worry if things don't always work out quite how you'd expected. Just do your best!

HAVE FUN!!!

PLATS PRINCIPAUX
Main Dishes

QUICHE SANS PÂTE AUX COURGES JAUNES, RICOTTA ET PARMESAN
without pie dough   squash   yellow
Crustless Quiche with Yellow Squash, Ricotta, and Parmesan

When you think about quiche, you probably imagine a heavy egg dish with a crust. However, this recipe is not only a lighter version of quiche, it also gets an extra flavor boost from the fresh vegetables. Your friends and family will be delighted when you serve up this easy, cheesy, one-dish meal.

Temps de préparation : 30 minutes
time   of preparation
Preparation time

Temps de cuisson : 40 minutes
cooking
Cooking time

Pour 4 à 6 personnes
for   4 to 6 people
Serves 4 to 6

Plat principal
dish main
Main dish

  splp

En été ou quand c'est la saison des courges jaunes dans ta région
In summer, or when yellow squash is in season in your region

LES INGRÉDIENTS
The ingredients

- 2 courges jaunes (ou 2 courgettes vertes) de taille moyenne
    squash yellow (zucchini green) of size medium
  2 medium-sized yellow squash (or 2 green zucchini)

- 1 cuillère à soupe d'huile d'olive pour huiler le moule à tarte
    spoon for soup of oil from olive for to oil the pan for tart
  1 tablespoon olive oil to oil the pie pan

- 80 g / 3 oz / environ ¾ de tasse de farine d'épeautre (ou farine de blé)
    of cup of flour of spelt (flour of wheat)
  80 g/3 oz/about ¾ cup spelt flour (or wheat flour [4])

  +1 cuillère à soupe de farine pour fariner le moule à tarte
    spoon for soup of flour for to flour the pan for tart
  +1 tablespoon flour to flour the pie pan

- 4 œufs
  4 eggs

- 200 g / 7 oz / 1 tasse de ricotta (demi-écrémée si disponible)
    cup of ricotta (half-skimmed)
  200 g/7 oz/1 cup ricotta cheese (part-skimmed if available)

- 250 ml / 8,5 fl oz / 1 tasse de lait (ou lait végétal : amande ou riz par exemple)
    cup of milk (milk vegetable)
  250 ml/8½ fl. oz/1 cup milk (or nondairy milk: almond or rice, for instance)

- 100 g / 3,5 oz / 1 tasse de parmesan râpé
    cup of Parmesan grated
  100 g/ 3½ oz/1 cup grated Parmesan cheese

- 1 pincée de sel et 1 pincée de poivre (poivre toujours facultatif)
  1 pinch of salt and 1 pinch of pepper (pepper always optional)

- 3 branches de thym frais, rincé / 1 poignée de feuilles de thym frais, rincé
    twigs of thyme fresh, / handful of leaves of thyme fresh,
  3 sprigs fresh thyme, rinsed/1 handful of fresh thyme, rinsed
    ou 1 à 2 cuillères à café de thym séché
        thyme dried
    or 1 to 2 teaspoons dried thyme

---

[4] USE unbleached all-purpose flour or white whole wheat flour.

LES USTENSILES
The utensils

- 1 balance ou 1 tasse de mesure pour peser ou mesurer la ricotta, le lait, la farine et le parmesan
  scales or 1 measuring cup to weigh or measure the ricotta, milk, flour, and Parmesan cheese

- de l'essuie-tout
  some wipe everything
  paper towels

- 1 couteau (ou 1 mandoline)
  1 knife (or 1 mandolin)

- 1 planche à découper
  board   for to cut
  1 cutting board

- 1 bol (pour les courges jaunes)
  1 bowl (for the yellow squash)

- 1 moule à tarte de 24 cm / 9,5 pouces de diamètre et 5 cm / 2 pouces de profondeur,
  pan   for tart   of depth
  1 (24 cm/9½ inches in diameter, 5 cm/2 inches deep) pie pan,
        en verre ou en porcelaine
        glass or porcelain

- 1 cuillère à soupe
  spoon for soup
  1 tablespoon

- 1 grand saladier
  1 large salad bowl

- 1 fourchette
  1 fork

- 1 fouet à main
  whisk at hand
  1 handheld whisk

- 1 bol (pour la ricotta et le lait)
  1 bowl (for the ricotta and milk)

- 1 spatule
  1 spatula

LES VERBES DE LA RECETTE À L'IMPÉRATIF

The verbs   of the recipe   in the imperative

The command verbs of the recipe

- **PRÉCHAUFFE (PRÉCHAUFFER)**
  Preheat (to preheat)

- **LAVE (LAVER)**
  Wash/clean (to wash/to clean)

- **SÈCHE (SÉCHER)**
  Dry (to dry)

- **COUPE (COUPER)**
  Cut/slice (to cut/to slice)

- **METS (METTRE)**
  Put (to put)

- **PRÉPARE (PRÉPARER)**
  Prepare (to prepare)

- **HUILE (HUILER)**
  Oil (to oil)

- **AJOUTE (AJOUTER)**
  Add (to add)

- **SECOUE (SECOUER)**
  Shake (to shake)

- **CASSE (CASSER)**
  Crack open (to crack open)

- **BATS (BATTRE)**
  Beat/whisk (to beat/to whisk)

- **MÉLANGE (MÉLANGER)**
  Mix/stir (to mix/to stir)

- **VERSE (VERSER)**
  Pour (to pour)

- **SALE (SALER)**
  Salt (to salt)

- **POIVRE (POIVRER)**
  Pepper (to pepper)

- **DÉPOSE (DÉPOSER)**
  Lay/put down (to lay/to put down)

- **FAIS CUIRE (FAIRE CUIRE) à four chaud**
  Make to bake (to make to bake) at oven hot
  Bake (to bake) in a hot oven

- **LAISSE REFROIDIR (LAISSER REFROIDIR)**
  Let   to cool (down) (to let to cool [down])
  Let cool (down) (to let cool [down])

- **SERS (SERVIR)**
  Serve (to serve)

LA RECETTE
The recipe

1. **PRÉCHAUFFE** le four à 180° C (350° F).
                               oven

2. **LAVE** et **SÈCHE** les courges jaunes avec de l'essuie-tout.
              and   with

3. **COUPE** les courges en **fines rondelles** à l'aide d'un couteau ou d'une mandoline, sur une planche
                        in **thin slices** with the help of   on
   à découper.

   Attention ! NE TE COUPE PAS les doigts !
   Careful! DON'T CUT your fingers!

   UTILISE toujours un couteau ou une mandoline avec précaution !
   Always be careful when using a knife or a mandolin!

   DEMANDE de l'aide pour couper les courges, si nécessaire.
   Ask for help to cut the squash, if necessary.

   - **METS** les fines rondelles de courge de côté, dans un bol.
             the thin squash slices in a bowl and set aside.

4. **PRÉPARE** le moule à tarte :

   - **HUILE** le moule à tarte à l'aide de l'essuie-tout.

   - **AJOUTE** 1 cuillère à soupe de farine et **SECOUE bien** pour répartir la farine partout dans le moule.
                                                     well to spread   all over the pan.

   Comme ça, ta quiche n'attachera pas au moule !
   Like that, your quiche won't stick to the pan!

5. **CASSE** 4 œufs dans un grand saladier.

   Attention ! NE LAISSE PAS TOMBER de coquille d'œuf dans tes œufs !
   Careful! DON'T DROP any pieces of egg shell into your eggs!

   - **BATS** les 4 œufs avec une fourchette.

6. **MÉLANGE** avec la fourchette la ricotta et le lait dans un bol. *C'est tout lisse !*
                                                                           It is quite smooth!

   - **AJOUTE** le mélange ricotta et lait aux œufs battus et **MÉLANGE bien** avec un fouet à main.
                                                beaten   **well**

7. **VERSE** la farine d'épeautre **petit à petit** et **MÉLANGE bien** la pâte avec le fouet à main
                                    gradually   **well** the batter
   pour éviter les grumeaux.
   to avoid lumps.

   Sinon, PASSE-la au chinois.
   Otherwise, pour it through a sieve.

8. **AJOUTE** le parmesan râpé quand ta pâte est **liquide et lisse**. **MÉLANGE bien.**
   when your is **runny and smooth.** well.

9. **SALE, POIVRE** (facultatif) et **AJOUTE** 1 poignée de feuilles de thym frais (ou 1 à 2 cuillères
   (optional)
   à café de thym séché).

   MÉLANGE encore ta pâte.

10. **DÉPOSE** en rond, comme des pétales de fleur se chevauchant, **la ½ des courges** dans
    in a circle, like flower petals overlapping, **½ the squash** on

    le fond du moule huilé et fariné.
    the bottom of the oiled and floured pan.

    - **VERSE** la pâte sur les courges à l'aide d'une spatule.
      using

    - **DÉPOSE** en rond, comme des pétales de fleur, **l'autre ½ des courges** sur le dessus de la quiche.
      the other ½ on top of the

    - **AJOUTE** 1 pincée de sel et de poivre (facultatif), si nécessaire.
      if necessary.

11. **FAIS CUIRE** la quiche **à four chaud** à 180° C (350° F) pendant 40 minutes, ou jusqu'à ce
    for or until

    qu'elle soit dorée et gonflée. Ta quiche dégonflera à la sortie du four, mais c'est normal !
    it is golden brown and puffy. Your quiche will deflate when it comes out of the oven, but that's normal!

    - **LAISSE REFROIDIR** ta quiche pendant 5 minutes à la sortie du four.

    Elle sera meilleure et plus facile à découper aussi !
    It will taste better and will be easier to cut as well!

12. **SERS** ta quiche **tiède, ou à température ambiante** dans son moule, avec une belle salade verte.
    cool or at room temperature in its pan, with a nice green salad.

    C'est trop bon !
    So good!

    NOTE : Cette quiche est encore meilleure le lendemain, *mais peux-tu attendre ?*
    Note: This quiche tastes even better the next day, *but can you wait?*

BON APPÉTIT !
Good appetite!
Enjoy your quiche!

LES CONSEILS PRATIQUES DU CHEF
The advice/tips practical of the chef
The chef's practical tips

Pour vérifier que ta quiche est cuite, **ENFONCE doucement** la lame d'un couteau **propre** dans
To check that your quiche is cooked, **carefully insert** a **clean** knife into

ta quiche.
your quiche.

Si la lame ressort **sèche et propre**, ta quiche **est cuite**.
If the blade comes out **dry and clean**, your quiche **is cooked**.

LES IDÉES DU CHEF
The ideas of the chef
The chef's ideas

- **REMPLACE :**
  Replace:

  - la ½ ou même la totalité de la farine d'épeautre par la même quantité de farine d'amande
    ½ or even all the spelt four with an equal quantity of almond flour

    (ou ½ de farine de riz + ½ de fécule de maïs).
    (or ½ of rice flour + ½ of cornstarch).

    À propos, sais-tu que la farine d'amande, la farine de riz et la fécule de maïs sont toutes sans gluten,
    By the way, do you know almond flour, rice flour, and cornstarch are all gluten-free,

    contrairement à la farine de blé ou d'épeautre ? Super, si tu suis un régime sans gluten !
    unlike wheat and spelt flour? Super, if you follow a gluten-free diet!

  - la ricotta par la même quantité de yaourt grec. **MÉLANGE**-le bien avec le lait pour un
    the ricotta with the same quantity of Greek yogurt. **Mix** it well with the milk for a

    mélange onctueux.
    smooth mixture.

  - le parmesan par la même quantité de gruyère ou de comté râpé.
    the Parmesan with the same quantity of grated Gruyère or Comté.

  - le thym frais par 2 à 3 pincées de noix de muscade en poudre ou fraîchement râpée.
    the fresh thyme with 2 to 3 pinches of ground or freshly grated nutmeg.

    C'est très bon aussi.
    It is also very good.

- **SUIS** la même recette, bien sûr !
  Follow the same recipe, of course!

D'OÙ VIENT LA QUICHE ?

From where comes the quiche?

Where does quiche come from?

AS-TU DÉJÀ MANGÉ DE LA QUICHE LORRAINE ?
Have you ever eaten quiche lorraine?

La quiche lorraine est la quiche traditionnelle française. Elle vient de la Lorraine, au nord-est de la France.
Quiche lorraine is the traditional French quiche. It originated in Lorraine, in the northeast of France.

La Lorraine est une ancienne région qui fait maintenant partie du Grand Est qui comprend
Lorraine is a former region that is now part of Grand Est, which comprises

l'Alsace, la Champagne-Ardenne et la Lorraine.
Alsace, Champagne-Ardenne, and Lorraine.

QU'EST-CE QUE C'EST LA QUICHE LORRAINE ?
What is quiche lorraine?

C'est une pâte brisée ou feuilletée garnie de lardons et recouverte d'un mélange de
It is a pie dough or puff pastry base filled with small-diced bacon and covered with a mixture of

crème fraîche et d'œufs battus. C'est délicieux !
crème fraîche and beaten eggs. It is delicious!

La quiche sans pâte aux légumes de saison est une variante allégée de la quiche lorraine.
The crustless quiche with seasonal vegetables and cheese is a lighter variation of quiche lorraine.

POURQUOI LA QUICHE SANS PÂTE EST-ELLE PLUS LÉGÈRE QUE LA QUICHE LORRAINE ?
Why is the crustless quiche lighter than the quiche lorraine?

Tu donnes ta langue au chat ?
You give your tongue to the cat?
Give up?

Parce qu'il n'y a pas de pâte brisée ou feuilletée, ni de crème fraîche ou de lardons,
Because there isn't any pie dough or puff pastry, or any crème fraîche or bacon,

il y a moins de matières grasses et de glucides que dans la quiche lorraine.
it contains less fat and fewer carbohydrates than quiche lorraine does.

Par contre, il y a des légumes de saison et un peu de fromage.
Instead, it contains seasonal vegetables and a bit of cheese.

C'est plus léger, mais aussi délicieux !
It's lighter, but also delicious!

Maintenant que tu es un (une) pro de la quiche sans pâte, ESSAIE donc **D'AUTRES QUICHES SANS PÂTE**
Now that you are a pro at the crustless quiche, go on, TRY **Other Crustless Quiches**

AUX LÉGUMES DE SAISON, à la page 118. Ces autres quiches sont aussi délicieuses,
with Seasonal Vegetables, on page 118. These other quiches are also delicious,

grâce à une grande variété de légumes de saison, bien sûr !
thanks to a great variety of seasonal vegetables, of course!

CRÊPES DE SARRASIN* AU SAUMON
Crepes of buckwheat salmon
Buckwheat* Crepes with Salmon

Temps de préparation : 15 minutes
time of preparation
Preparation time

Temps de cuisson : environ 4 minutes par crêpe
cooking about per crepe
Cooking time: about 4 minutes per crepe

Temps de repos : 2 heures à 24 heures
rest hours to
Resting time: 2 to 24 hours

Pour 8 à 10 crêpes
For 8 to 10 crepes
Makes 8 to 10 crepes

Plat principal
dish main
Main dish

Toute l'année
all   the year
All year round

*SARRASIN ? QU'EST-CE QUE C'EST ?
*Buckwheat? What is it?

C'est une plante proche de la famille des céréales, comme le quinoa, qui vient de l'Asie centrale.
It is a close relative of the cereal grass family, like quinoa, that comes from Central Asia.

Le sarrasin est aussi connu sous le nom de « blé noir » parce que ses graines sont noires. Il est très
Buckwheat is also known as black wheat because its grains are black. It is very

nutritif et a un goût de noix. Il ne contient pas de gluten. *Super, si tu suis un régime sans gluten !*
nutritious and tastes like walnuts. It does not contain any gluten. *Super, if you follow a gluten-free diet!*

On utilise souvent le sarrasin sous forme de farine pour faire des crêpes.
Buckwheat is often used in the form of flour to make crepes.

La farine de sarrasin est aussi utilisée pour faire des nouilles soba, comme au Japon, et tu peux
Buckwheat flour is also used to make soba noodles, like in Japan, and you can

aussi cuisiner le sarrasin en gruau comme du riz, ou l'utiliser sous forme de flocons ou de semoule
also cook buckwheat groats like rice, or use it in flake or semolina form

pour le petit déjeuner, par exemple.
for breakfast, for instance.

ATTENTION ! À moins d'utiliser de la farine de sarrasin française, il est nécessaire de mélanger
CAREFUL! Unless you're using French buckwheat flour, you must mix

la farine de sarrasin locale avec de la farine d'épeautre (ou de blé) pour avoir des crêpes moelleuses.
the local buckwheat flour with spelt flour (or wheat) to get smooth crepes.

J'ai essayé cette recette en utilisant seulement la farine de sarrasin locale :
I tried this recipe using only the local buckwheat flour:

ça a été la cata (catastrophe) ! À la cuisson, ma pâte très sèche s'est craquelée et s'est déchirée
it was a disaster! While cooking, my very dry batter cracked and tore

quand j'ai voulu la retourner ! Mes crêpes avaient bon goût, mais étaient affreuses !
when I wanted to flip it over! My crepes tasted good, but looked horrible!

Bien sûr, j'avais des invités ce soir-là… Heureusement, j'avais aussi préparé une pâte à crêpes
Of course, I had guests that evening... Fortunately, I had also prepared a crepe batter

à l'épeautre. Ça m'a bien dépannée et mes invités se sont régalés !
with spelt. It saved the day and my guests really enjoyed it!

Si tu as de la farine de sarrasin française, **UTILISE** 2 tasses de farine de sarrasin + 1 pincée de
If you do have French buckwheat flour, **use** 2 cups buckwheat flour + 1 pinch of

sel + environ 3 tasses d'eau + 1 œuf (facultatif). **SUIS** la même recette, bien sûr !
salt + about 3 cups of water + 1 egg (optional). **Follow** the same recipe, of course!

LES INGRÉDIENTS
The ingredients

Pour la pâte à crêpes :
batter for crepes
For the crepe batter:

- 125 g / 4,5 oz / environ 1 tasse de farine de sarrasin
                                            cup   of flour   from buckwheat
  125 g/4½ oz/about 1 cup buckwheat flour

- 125 g / 4,5 oz / environ 1 tasse de farine d'épeautre (ou de farine de blé)
                                            cup   of flour from spelt   of flour from wheat
  125 g/4½ oz/about 1 cup spelt (or wheat [5]) flour

- 1 pincée de sel
  1 pinch of salt

- 720 ml / 24 fl oz / 3 tasses d'eau
  720 ml/24 fl. oz/3 cups of water

- 2 œufs, légèrement battus
  2 eggs, lightly beaten

- 1 cuillère à soupe d'huile d'olive
     spoon for soup of oil from olive
  1 tablespoon olive oil

- + une petite soucoupe d'huile pour graisser la poêle antiadhésive
                                  for to grease the pan anti-adhesive
  + a small saucer of oil to grease the nonstick frying pan

Pour la garniture des crêpes :
       filling   of the crepes
For the crepe filling:

- 1 petit pot de crème fraîche ou de fromage à la crème (227 g / 8 oz)
                  cream fresh   of cheese   cream
  1 (227 g/8 oz) container of crème fraîche [6] or cream cheese

- 350 g / 12 oz de saumon fumé en tranches
                  of salmon smoked in slices
  350 g/12 oz sliced smoked salmon

- le jus d'1 citron
  the juice of 1 lemon

---

[5] USE unbleached all-purpose flour or pastry flour.
[6] USE French-style cultured cream, if available.

LES USTENSILES
The utensils

- 1 balance ou 1 tasse de mesure pour peser ou mesurer la farine et l'eau
  scales or 1 measuring cup to weigh or measure the flour and the water

- 1 grand saladier
  1 large salad bowl

- 1 cuillère en bois
  spoon   in wood
  1 wooden spoon

- 1 fouet à main
  whisk at hand
  1 handheld whisk

- du film alimentaire pour couvrir le grand saladier
  film for food   for   to cover
  plastic wrap to cover the large salad bowl

- 1 poêle antiadhésive (ou 1 poêle à crêpes)
  pan   anti-adhesive (pan for crepes)
  1 nonstick frying pan (or 1 crepe pan)

- de l'essuie-tout
  some wipe everything
  paper towels

- 1 petite soucoupe pour l'huile
  1 small saucer for the oil

- 1 louche
  1 ladle

- 1 grande spatule
  1 large spatula

- 1 grande assiette ou un plat pour les crêpes
  1 large plate or a dish for the crepes

- 1 torchon pour couvrir les crêpes
  1 dishtowel to cover the crepes

- 1 cuillère à café
  spoon for coffee
  1 teaspoon

LES VERBES DE LA RECETTE À L'IMPÉRATIF

The verbs of the recipe in the imperative

The command verbs of the recipe

- **VERSE (VERSER)**
  Pour (to pour)

- **AJOUTE (AJOUTER)**
  Add (to add)

- **MÉLANGE (MÉLANGER)**
  Mix/stir (to mix/to stir)

- **COUVRE (COUVRIR)**
  Cover (to cover)

- **LAISSE REPOSER (LAISSER REPOSER)**
  Let to rest (to let to rest)
  Let rest (to let rest)

- **ALLONGE (ALLONGER)**
  Make thinner (to make thinner)

- **GRAISSE (GRAISSER)**
  Grease/oil (to grease/to oil)

- **FAIS CHAUFFER (FAIRE CHAUFFER)**
  Make to heat (to make to heat)
  Heat (to heat)

- **ÉTENDS (ÉTENDRE)**
  Spread (out) (to spread [out])

- **FAIS CUIRE (FAIRE CUIRE) à la poêle**
  Make to cook (to make to cook)
  Cook (to cook) in the pan

- **RETOURNE (RETOURNER)**
  Turn over/flip over (to turn over/to flip over)

- **FAIS SAUTER (FAIRE SAUTER)**
  Make to toss/to flip over (to make to toss/to flip over)
  Toss/flip over (to toss/to flip over)

- **DÉPOSE (DÉPOSER)**
  Lay/put down (to lay/to put down)

- **PRÉPARE (PRÉPARER)**
  Prepare (to prepare)

- **DIVISE (DIVISER)**
  Divide (to divide)

- **RÉCHAUFFE (RÉCHAUFFER)**
  Reheat (to reheat)

- **TARTINE (TARTINER)**
  Spread (on) (to spread [on])

- **PLIE (PLIER)**
  Fold (to fold)

- **SERS (SERVIR)**
  Serve (to serve)

LA RECETTE
The recipe

LA PÂTE À CRÊPES
The crepe batter

1. **VERSE** les farines de sarrasin et d'épeautre dans un grand saladier.
         flours   in
   - **AJOUTE** 1 pincée de sel et **MÉLANGE** avec une cuillère en bois.
                                       with

2. **AJOUTE** l'eau **petit à petit** et **MÉLANGE** avec la cuillère en bois ou un fouet à main.
                gradually   or
   - **MÉLANGE bien** la pâte avec le fouet à main.
                well

3. **AJOUTE** les 2 œufs légèrement battus + 1 cuillère à soupe d'huile d'olive.
   - **MÉLANGE bien** avec le fouet à main.
                well

   La pâte doit être **liquide** et **lisse**. *Sans grumeaux ! Sinon, PASSE-la au chinois.*
   The batter should be **runny** and **smooth**. *Lump-free! If it's not, pour it through a sieve.*

4. **COUVRE** le saladier avec du film alimentaire.
   - **LAISSE REPOSER** la pâte à crêpes **pendant 2 heures** ou toute la nuit au réfrigérateur.
                                  for 2 hours or overnight in the refrigerator.

   Tes crêpes seront bien moelleuses.
   Your crepes will be nice and smooth.

   - **N'OUBLIE PAS** de sortir ta pâte du réfrigérateur au moins 30 minutes
     DON'T FORGET to remove your batter from the refrigerator at least 30 minutes

     avant la cuisson des crêpes pour qu'elle soit à température ambiante !
     before cooking the crepes to let it come to room temperature!

   - **MÉLANGE** encore ta pâte et **ALLONGE**-la avec un peu d'eau, si elle est trop épaisse.
     Stir your batter again and **thin** it with a little water, if it is too thick.

     NOTE : Un petit truc pour savoir si ta pâte à crêpes est prête pour la cuisson :
     Note: A small trick to tell if your crepe batter is ready for cooking:

   - **PLONGE** une louche dans la pâte à crêpes. PASSE ton doigt au dos de la louche.
     Dip a ladle in the crepe batter. Run your finger along the back of the ladle.

     S'il laisse une trace bien visible, ta pâte est prête pour la cuisson.
     If it leaves a clear trace, your batter is ready for cooking.

LA CUISSON DES CRÊPES
Cooking the crepes

5. **GRAISSE** une poêle antiadhésive avec du papier essuie-tout imbibé d'huile, avant de cuire chaque crêpe.
                                         with some paper towel moistened with oil, before cooking each crepe.
   - **FAIS CHAUFFER** la poêle à feu moyen.
                            over medium heat.

   DEMANDE de l'aide pour préparer ta poêle et pour cuire tes crêpes, si nécessaire.
   Ask for help to prepare your pan and cook your crepes, if necessary.

6. **VERSE** une louche de pâte quand ta poêle est **bien chaude**, mais pas fumante !
    a ladle of batter when your pan is **nice and hot** but not smoking!

   - **ÉTENDS** la pâte en tournant ta poêle afin d'en recouvrir entièrement le fond.
       the batter by rotating your pan to completely cover the bottom of it.

   SOIS rapide, car la pâte cuit très vite !
   BE quick, because the batter cooks very quickly!

7. **FAIS CUIRE** la crêpe à feu moyen pendant 2 minutes environ, ou jusqu'à ce que les bords
                  over medium heat for about 2 minutes, or until the edges

   de la crêpe se décollent facilement et commencent à dorer.
   of the crepe come away from the pan easily and are turning golden.

   - **RETOURNE** la crêpe avec une grande spatule ou **FAIS**-la **SAUTER** en l'air *(si tu es habile !)*.
                with   or **flip** it **over** in the air *(if you are skillful!)*.

8. **FAIS CUIRE** la crêpe sur l'autre face pendant 2 minutes environ, ou jusqu'à ce qu'elle soit dorée.
                  on the other side   or until it is golden brown.

   - **DÉPOSE**-la sur une grande assiette et **COUVRE**-la avec un torchon.
        it on

   - **PRÉPARE** les autres crêpes de la même façon.
         the other crepes the same way.

LA GARNITURE DES CRÊPES
The crepe filling

9. **DIVISE** à la main les tranches de saumon fumé en morceaux de taille moyenne.
        by hand the smoked salmon slices in medium-sized pieces.

   METS des gants si tu n'aimes pas l'odeur du poisson !
   Put on some gloves if you don't like the smell of fish!

   - **RÉCHAUFFE** les crêpes une à une, à feu moyen dans la poêle graissée.
                   one by one   in the oiled pan.

   - **TARTINE**-les d'1 cuillère à café de crème fraîche ou de fromage à la crème.
           them with

   - **AJOUTE** 2 à 3 morceaux de saumon fumé.

   AJOUTE quelques gouttes de jus de citron, si tu aimes ça avec le saumon. C'est très bon.
   Add a few drops of lemon juice, if you like lemon with salmon. It's very good.

10. **PLIE** les crêpes en 2 et **SERS**-les chaudes.
              in half   warm.

BON APPÉTIT !
Good appetite!
Enjoy your crepes!

LES CONSEILS PRATIQUES DU CHEF
The advice/tips practical of the chef
The chef's practical tips

- **NE TE DÉCOURAGE PAS** si tu rates ta première crêpe : c'est normal !
  Don't give up if you make a mess of your first crepe: it's normal!

- **METS**-la de côté ou **MANGE**-la, puis **RECOMMENCE.** *N'OUBLIE PAS de graisser ta poêle à crêpes !*
  Put it aside or **eat** it, then **start again.** *Don't forget to oil your crepe pan!*

- **RÉCHAUFFE** tes crêpes sur une assiette posée sur une casserole d'eau frémissante
  Reheat your crepes on a plate on top of a saucepan of simmering water

  si tu ne les sers pas immédiatement.
  if you aren't serving them immediately.

- **DEMANDE** de l'aide pour réchauffer tes crêpes, si nécessaire.
  Ask for help to reheat your crepes, if necessary.

LES IDÉES DU CHEF
The ideas of the chef
The chef's ideas

- **REMPLACE :**
  Replace:

  - *la farine de sarrasin par la même quantité de farine d'épeautre (ou farine de blé) si tu*
    the buckwheat flour with the same quantity of spelt flour (or wheat flour) if you

    trouves le goût de la farine de sarrasin trop fort ou si tu ne l'aimes pas du tout !
    find the taste of the buckwheat flour too strong or if you don't like it at all!

  - *la farine d'épeautre (ou farine de blé) par la même quantité de farine de riz, si tu suis*
    the spelt flour (or wheat flour) with the same quantity of rice flour, if you follow

    un régime sans gluten.
    a gluten-free diet.

- **SUIS** la même recette, bien sûr !
  Follow the same recipe, of course!

- **GARNIS** tes crêpes avec d'autres ingrédients, selon ton goût ou sois aventureux (aventureuse) :
  Fill your crepes with other ingredients according to your taste or be adventurous:

  - *2 cuillères à soupe de fromage râpé (gruyère ou emmental) ou de fromage de chèvre frais*
    2 tablespoons grated cheese (Gruyère or Emmental) or fresh goat cheese

  - *1 œuf + 1 cuillère à soupe de fromage râpé (gruyère ou emmental)*
    1 egg + 1 tablespoon grated cheese (Gruyère or Emmental)

LES IDÉES DU CHEF SUITE
The ideas of the chef continuation
The chef's ideas continued

- 1 blanc de poulet coupé en petits morceaux + 1 cuillère à soupe de pesto
  1 chicken breast cut in small pieces + 1 tablespoon pesto
- 2 cuillères à soupe de légumes de saison (épinards, courgettes, poireaux, champignons, carottes...)
  2 tablespoons seasonal vegetables (spinach, zucchini, leeks, mushrooms, carrots...)

  légèrement cuits à la poêle ou à la vapeur, bien égouttés + 1 cuillère à soupe de
  lightly sautéed or steamed, well drained + 1 tablespoon

  fromage râpé (gruyère ou emmental) ou de fromage frais (fromage de chèvre, ricotta...)
  grated cheese (Gruyère or Emmental) or fresh cheese (goat cheese, ricotta…)

ENCORE ?
More?

- 2 cuillères à soupe de ratatouille (poivrons, aubergines, courgettes, tomates, oignons)
  2 tablespoons ratatouille (peppers, eggplants, zucchini, tomatoes, onions)

  + 1 cuillère à soupe de fromage râpé ou de tofu cuit et émietté.
  + 1 tablespoon grated cheese or cooked and crumbled tofu.

À toi de choisir une garniture de crêpes !
Your turn to choose a crepe filling!

ET TOI, AS-TU UNE GARNITURE DE CRÊPES PRÉFÉRÉE ?
And you, do you have a favorite crepe filling?

D'OÙ VIENNENT LES CRÊPES ?
From where come the crepes?
Where do crepes come from?

Les crêpes viennent de la Bretagne, au nord-ouest de la France. Cette région est entourée
Crepes come from Brittany, in the northwest of France. This region is bordered

au nord-est par la Normandie et à l'est par les Pays de la Loire, deux grandes régions de France.
on the northeast by Normandy and on the east by Pays de la Loire, two big regions of France.

En Bretagne, il y a beaucoup de crêperies où on peut manger de délicieuses crêpes de sarrasin,
In Brittany, there are many creperies where you can eat delicious buckwheat crepes,

appelées le plus souvent « galettes » de sarrasin. Ce sont les crêpes salées.
most often called buckwheat "galettes." They are the savory crepes.

On peut aussi manger des crêpes de blé sucrées pour le dessert, si on aime le sucré, et faire un
You can also eat sweet wheat crepes for dessert, if you have a sweet tooth, and have a

repas complet de crêpes. C'est la fête ! Chouette !
complete meal with crepes. It's party time! Fabulous!

ESSAIE donc les **CRÊPES D'ÉPEAUTRE SUCRÉES** à la page 74. Elles sont aussi délicieuses.
Go on, TRY the **Sweet Spelt Crepes** on page 74. They are also delicious.

LENTILLES VERTES DU PUY AU CHÈVRE FRAIS ET AUX NOIX
Lentils   green   from the Puy   goat   fresh   walnuts
Green Puy Lentils with Goat Cheese and Walnuts

This hearty lentil dish reminds me of my grandmother's home in Le Berry, France, where it is a specialty side dish. It can also easily be a complete meal. Don't think that lentils are boring; they can be very versatile, as you will see with this recipe. Let's try it!

Temps de préparation : 20 minutes
time   of preparation
Preparation time

Temps de cuisson : environ 20 minutes
    cooking about
Cooking time

Pour 4 personnes
for   4 people
Serves 4

Plat principal
dish main
Main dish

Toute l'année
all the year
All year round

LES INGRÉDIENTS
The ingredients

- 200 g / 7 oz / 1 tasse de lentilles vertes du Puy
  cup of lentils green from the Puy
  200 g/7 oz/1 cup green Puy lentils (French lentils)

- 1 l / 34 fl oz / 4 tasses d'eau (ou de bouillon de légumes)
  cups of water (of broth of vegetables)
  1 l/34 fl. oz/4 cups water (or vegetable broth [7])

- 1 petit oignon
  1 small onion

- 2 clous de girofle
  nails of clove
  2 cloves

- 1 feuille de laurier
  leaf from laurel
  1 bay leaf

- 1 brin de thym
  branch
  1 sprig of thyme

- 100 g / 3,5 oz / 1 tasse de noix en morceaux
  cup of walnuts in pieces
  100 g/3 ½ oz/1 cup walnut pieces

- 113 g / 4 oz / environ 1 tasse de fromage de chèvre frais émietté (si disponible)
  cup of cheese from goat fresh crumbled
  113 g/4 oz/about 1 cup crumbled fresh goat cheese (if available)

- 1 pincée de sel et de poivre (poivre toujours facultatif)
  1 pinch of salt and pepper (pepper always optional)

- 4 cuillères à café de vinaigre balsamique (ou vinaigre de vin rouge)
  spoons for coffee of vinegar balsamic (vinegar from wine red)
  4 teaspoons balsamic vinegar (or red wine vinegar)

- 4 cuillères à soupe d'huile d'olive (ou d'huile de noix)
  spoons for soup of oil from olive (of oil from walnut)
  4 tablespoons olive oil (or walnut oil)

---

[7] USE low-sodium vegetable broth and salt your lentils lightly to taste after cooking.

LES USTENSILES
The utensils

- 1 balance ou 1 tasse de mesure pour peser ou mesurer les lentilles, l'eau, les noix et le fromage de chèvre
  scales or 1 measuring cup to weigh or measure the lentils, water, walnuts, and goat cheese

- 1 passoire fine pour rincer les lentilles
    strainer thin for   to rinse
  1 fine-mesh sieve to rinse the lentils

- 1 couteau pour éplucher l'oignon
    knife   for   to peel
  1 knife to peel the onion

- 1 grande casserole
  1 large saucepan

- 1 grande poêle pour faire griller les noix en morceaux
                for to make to toast the walnuts in pieces
  1 large frying pan to toast the walnut pieces

- 1 spatule
  1 spatula

- 2 bols pour mettre les noix en morceaux grillées et le fromage de chèvre frais émietté
    bowls for to put the walnuts in pieces   toasted   cheese from goat   fresh crumbled
  2 bowls to put the toasted walnut pieces and the crumbled fresh goat cheese

- 1 grande cuillère pour servir les lentilles
                for   to serve
  1 large spoon to serve the lentils

- 4 assiettes creuses / à soupe pour disposer les lentilles
    plates   deep/for soup   for   to place
  4 soup plates to serve the lentils in

LES VERBES DE LA RECETTE À L'IMPÉRATIF
The verbs of the recipe in the imperative
The command verbs of the recipe

- **METS (METTRE)**
  Put (to put)

- **TRIE (TRIER)**
  Pick over (to pick over)

- **RINCE (RINCER)**
  Rinse (to rinse)

- **LAISSE ÉGOUTTER (LAISSER ÉGOUTTER)**
  Let to drain (to let to drain)
  Let drain (to let drain)

- **ÉPLUCHE (ÉPLUCHER)**
  Peel (to peel)

- **PIQUE (PIQUER)**
  Stick (to stick)

- **VERSE (VERSER)**
  Pour (to pour)

- **COUVRE (COUVRIR)**
  Cover (to cover)

- **AJOUTE (AJOUTER)**
  Add (to add)

- **FAIS CUIRE (FAIRE CUIRE) dans une casserole**
  Make to cook (to make to cook)
  Cook (to cook) in a saucepan

- **PORTE (PORTER) l'eau à ébullition**
  Bring (to bring) the water to a boil

- **BAISSE (BAISSER)**
  Lower (to lower)

- **ÉTALE (ÉTALER)**
  Spread (to spread)

- **FAIS GRILLER (FAIRE GRILLER)**
  Make to toast (to make to toast)
  Toast (to toast)

- **REMUE (REMUER)**
  Toss around (to toss around)

- **LAISSE REFROIDIR (LAISSER REFROIDIR)**
  Let to cool (down) (to let to cool [down])
  Let cool (down) (to let cool [down])

- **ÉMIETTE (ÉMIETTER)**
  Crumble (to crumble)

- **SALE (SALER)**
  Salt (to salt)

- **GOÛTE (GOÛTER)**
  Taste (to taste)

- **ÉGOUTTE (ÉGOUTTER)**
  Drain (to drain)

- **ENLÈVE (ENLEVER)**
  Remove (to remove)

- **DISPOSE (DISPOSER)**
  Place (to place)

- **POIVRE (POIVRER)**
  Pepper (to pepper)

- **NAPPE (NAPPER)**
  Coat (with) (to coat [with])

- **PARSÈME (PARSEMER)**
  Sprinkle (to sprinkle)

- **TERMINE (TERMINER)**
  Finish (with) (to finish [with])

- **SERS (SERVIR)**
  Serve (to serve)

LA RECETTE
The recipe

1. **METS** les lentilles dans une passoire fine.
                              in

   - **TRIE**[8] les lentilles puis **RINCE**-les à l'eau fraîche. **LAISSE**-les **ÉGOUTTER**.
                   then   them with fresh water.

2. **ÉPLUCHE** l'oignon à l'aide d'un couteau. *Pour ne pas pleurer, **ÉPLUCHE**-le sous l'eau du robinet.*
                      using   *To avoid crying,*   *peel it under running water.*

   UTILISE toujours un couteau **avec précaution** !
   Always be careful when using a knife!

   DEMANDE de l'aide pour éplucher l'oignon, si nécessaire.
   Ask for help to peel the onion, if necessary.

3. **PIQUE** les 2 clous de girofle dans l'oignon épluché.
                              in the peeled onion.

4. **VERSE** les lentilles égouttées dans une grande casserole et **COUVRE**-les avec 4 tasses d'eau.
                  drained   and   them with

   Les lentilles doivent être largement couvertes d'eau.
   The lentils must be generously covered with water.

   - **AJOUTE** aux lentilles l'oignon épluché et piqué des 2 clous de girofle, la feuille de laurier et le brin de thym.
        to the   peeled and picked with the 2 cloves,

5. **FAIS CUIRE** les lentilles :

   - **PORTE** l'eau à ébullition, puis **BAISSE** le feu.
                              the heat.

   - **FAIS CUIRE** les lentilles à découvert et **à feux doux** (petits frémissements) pendant environ 20 minutes.
                      uncovered   **low heat**   at a simmer for about 20 minutes.

   DEMANDE de l'aide pour faire cuire tes lentilles, si nécessaire.
   Ask for help to cook your lentils, if necessary.

   Pendant la cuisson des lentilles :
   While the lentils are cooking:

6. **ÉTALE** les noix en morceaux dans une grande poêle et **FAIS**-les **GRILLER** à feu moyen.
                                                                 them   over medium heat.

   - **REMUE** souvent les noix avec une spatule, jusqu'à ce qu'elles soient grillées et parfumées.
        often   until toasty and fragrant.

   RÈGLE un minuteur pour quelques minutes, pour éviter de brûler tes noix !
   SET a timer for a few minutes to avoid burning your walnuts!

   - **LAISSE REFROIDIR** les noix, et **METS**-les de côté dans un bol.
                                           aside

---

[8] Use your fingers to hunt for little stones or specks of dirt in the lentils.

7. **ÉMIETTE** le fromage de chèvre frais avec les doigts *(s'il n'est pas déjà émietté)*
   with your fingers *(if it's not already crumbled)*
   et **METS**-le de côté dans l'autre bol.
   it in the other.

   RETOURNE à tes lentilles maintenant...
   Return to the lentils now...

8. **SALE** les lentilles **juste** en fin de cuisson. *Attention ! NE SALE PAS les lentilles trop tôt,*
   just at the end of cooking. *Careful! DON'T SALT the lentils too early,*

   sinon elles deviendraient pâteuses et perdraient leur texture croquante !
   otherwise they will become mushy and lose their crunchy texture!

   - **GOÛTE** tes lentilles : elles doivent être tendres et un peu croquantes. *Ces lentilles sont*
     they should be tender and a bit crunchy. *These lentils are*

   super à la cuisson comme il est peu probable qu'elles deviennent pâteuses ou se réduisent en purée ! Ouf !
   great for cooking as they're unlikely to go mushy or turn into pureed lentils! Phew!

9. **ÉGOUTTE** les lentilles dans la passoire et **ENLÈVE** l'oignon, la feuille de laurier et le brin de thym.

10. **DISPOSE** les lentilles chaudes sur 4 assiettes à l'aide d'une grande cuillère.
    on

    - **POIVRE**-les (facultatif) et **NAPPE**-les d'un filet de vinaigre balsamique.
      with a dash of

    - **PARSÈME** les lentilles de fromage de chèvre frais émietté et de noix grillées.
      with

    - **TERMINE** avec un léger filet d'huile d'olive.
      with

11. **SERS** tes lentilles chaudes ou même tièdes en salade. Délicieux !
    warm or even slightly warm as a salad. Delicious!

    BON APPÉTIT !
    Good appetite!
    Enjoy your lentils!

LES IDÉES DU CHEF
The ideas   of the chef
The chef's ideas

- **UTILISE** cette recette avec des haricots secs ou des pois chiches, mais **FAIS**-les tremper
  Try this recipe with dried beans or chickpeas, but soak them

  la veille au soir, ou au moins pendant 4 heures, avant de les faire cuire.
  the night before, or for at least 4 hours, before cooking them.

  À propos, sais-tu que les lentilles, comme les haricots secs et les pois chiches,
  By the way, do you know that lentils, just like dried beans and chickpeas,

  ne contiennent pas de gluten ?
  don't contain any gluten?

  Super, si tu suis un régime sans gluten !
  Super, if you follow a gluten-free diet!

- **REMPLACE** le fromage de chèvre frais et les noix par 4 oeufs mollets, coupés en 2
  Replace the fresh goat cheese and the walnuts with 4 soft-boiled eggs,[9] cut in half

  et cuits juste avant de servir tes lentilles chaudes.
  and cooked just before serving your lentils warm.

  C'est trop bon avec le jaune d'œuf qui coule dans les lentilles ! GOÛTE-les !
  So good with the egg yolk running through the lentils! Taste them!

- **AJOUTE** des légumes de saison à tes lentilles pour un plat coloré et savoureux :
  Add seasonal vegetables to your lentils for a colorful and flavorsome dish:

  - des courges comme 1 courge poivrée ou la ½ d'une courge musquée,
      squash, like 1 acorn squash or ½ of a butternut squash,

  - 1 à 2 patates douces, 1 à 2 rutabagas, 2 navets, 3 carottes ou même 1 joli bulbe de fenouil.
    1 to 2 sweet potatoes, 1 to 2 rutabagas, 2 turnips, 3 carrots or even 1 nice bulb of fennel.

  Tu peux bien sûr combiner différentes sortes de légumes pour varier les plaisirs.
  You can, of course, combine different types of vegetables just for a change.

---

[9] To make soft-boiled eggs, put the eggs in a saucepan, cover them with cold water, and add a few drops of vinegar. Bring the water to a boil and cook for 3 minutes, starting the timing from the boiling point. Run the eggs under cold water and peel them carefully.

LES IDÉES DU CHEF SUITE
The ideas of the chef continuation

The chef's ideas continued

- **COUPE** les légumes pelés (sauf les navets et le bulbe de fenouil, lave et essuie-les juste)
  Cut the peeled vegetables (except turnips and the fennel; just wash and dry them)

  en cubes de taille moyenne. NE COUPE PAS les cubes trop petits, sinon ils s'écrasent
  in medium-sized cubes. DON'T CUT the cubes too small, otherwise they will fall apart

  dans les lentilles pendant la cuisson. Autrement, AJOUTE-les 5 ou 10 minutes après
  in the lentils while cooking. Otherwise, add them 5 or 10 minutes after

  le début de la cuisson.
  cooking has started.

  FAIS-les **CUIRE** avec tes lentilles à l'étape **n°5** de la recette.
  Cook them with your lentils at step **#5** of the recipe.

  SUIS la même recette, bien sûr !
  Follow the same recipe, of course!

  Tous ces légumes se marient bien avec les lentilles et ajoutent couleur et saveur à ton plat.
  All these vegetables go nicely with the lentils and add color and flavor to your dish.

MANGE des légumes de saison : C'EST TROP BON !
Eat seasonal vegetables: So good!

CONNAIS-TU D'AUTRES VARIÉTÉS DE LENTILLES ?
Know you   of other varieties of lentils?
Do you know about other types of lentils?

Il y a d'autres variétés de lentilles, aussi délicieuses et nutritives que les lentilles du Puy :
There are other types of lentils, just as delicious and nutritious as Puy lentils:

- des lentilles noires et des lentilles vertes. Ces deux variétés de lentilles peuvent remplacer les
  black lentils and green lentils. You can use these two varieties in place of

  lentilles du Puy dans la recette ci-dessus.
  Puy lentils in the recipe above.

- des lentilles marron, blondes, blanches ou encore des lentilles corail (rose orangé).
  brown, blonde, white or even coral (orangy-pink) lentils.

  Ces autres variétés de lentilles, en particulier les lentilles corail, sont parfaites pour
  These types of lentils, and especially coral lentils, are perfect for

  des soupes, des ragoûts, des boulettes et des burgers végétariens, et des crèmes, car
  soups, stews, vegetarian "meatballs" and burgers, and creams, because

  contrairement aux lentilles du Puy, elles ramollissent rapidement à la cuisson et s'écrasent donc facilement.
  unlike Puy lentils, they soften quickly while cooking and fall apart easily.

MANGE des lentilles : C'EST TROP BON !
Eat lentils: So good!

ET TOI, MANGES-TU DES LENTILLES ?... SI OUI, QUELLE VARIÉTÉ ?
And you, do you eat lentils?... If so, which type?

SINON, GOÛTE-LES !
If not, taste them!

SALADE NIÇOISE AU QUINOA*
Salad   from Nice   quinoa
Niçoise Salad with Quinoa*

Temps de préparation : 30 minutes
time   of preparation
Preparation time

Temps de cuisson : environ 25 minutes
cooking   about
Cooking time

Pour 6 personnes
for 6 people
Serves 6

Plat principal   En été ou quand c'est la saison des haricots verts et des tomates dans ta région
dish main
Main dish   In summer, or when green beans and tomatoes are in season in your region

*QUINOA ? QU'EST-CE QUE C'EST ?
***Quinoa?** What is it?

C'est une plante proche de la famille des céréales, comme le sarrasin qui vient d'Amérique du Sud.
It is a plant related to the cereal grass family, like buckwheat, that comes from South America.

Les graines de quinoa étaient la nourriture de base des civilisations précolombiennes,
Quinoa was a staple food for pre-Columbian civilizations,

il y a environ 5000 ans.
about 5,000 years ago.

Ces petites graines de couleur ivoire, très nutritives et très digestes, ont un goût de noisette
These little ivory-colored[10] grains, very nutritious and easy to digest, taste like hazelnuts,

et sont légèrement croquantes.
and are slightly crunchy.

Le quinoa ne contient pas de gluten. *Super, si tu suis un régime sans gluten !*
Quinoa does not contain any gluten. *Super, if you follow a gluten-free diet!*

Tu le cuisines comme une céréale (riz, blé avoine, seigle, etc.), mais n'oublie pas de le rincer
You cook it like a cereal grass (rice, wheat, oat, rye, etc.), but don't forget to rinse it

avant de le cuisiner pour te débarrasser de son goût amer. Tu peux utiliser le quinoa sous
before cooking it to get rid of its bitter taste. You can use quinoa in

toutes ses formes : en graines pour un couscous, un taboulé, des croquettes ou une salade, en
all kinds of ways: as grains for a couscous, a tabbouleh, (quinoa) cakes or a salad, in

flocons pour le petit déjeuner ou pour des biscuits, en farine dans les sauces, le pain et les gâteaux.
flakes for breakfast or for cookies, as flour in sauces, bread, and cakes.

ALLEZ, ON PRÉPARE UNE SALADE NIÇOISE AU QUINOA MAINTENANT !
Come on, let's prepare a Niçoise salad with quinoa now!

---

[10] Ivory quinoa is the most common, but you can also buy red or black quinoa.

LES INGRÉDIENTS
The ingredients

Pour la salade :
For the salad:

- 250 g / 8,8 oz / 1 tasse ½ de quinoa (ivoire ou tricolore [ivoire, rouge et noir])
  cup   of quinoa ivory   tricolor
  250 g/8 ¾ oz/1½ cups quinoa (ivory or tricolor [ivory, red, and black])

- 720 ml / 24 fl oz / 3 tasses d'eau
  cups of water
  720 ml/24 fl. oz/3 cups water

- 1 cuillère à soupe d'huile d'olive pour faire revenir le quinoa
  spoon   for soup of oil   from olive for to make to sauté
  1 tablespoon olive oil to sauté the quinoa

- 150 g / 5,3 oz de haricots verts frais
  of beans   green fresh
  150 g/5 ⅓ oz fresh green beans

- 200 g / 7 oz de tomates raisin (ou tomates cerise coupées en 2)
  of tomatoes grape   tomatoes cherry
  200 g/7 oz grape tomatoes (or cherry tomatoes, cut in half)

- 80 g / 2,8 oz / environ ½ tasse d'olives noires dénoyautées
  cup of olives black pitted
  80 g/2 ¾ oz/about ½ cup pitted black olives

- 80 g / 2,8 oz / environ ½ tasse d'olives vertes dénoyautées
  cup of olives green pitted
  80 g/2 ¾ oz/about ½ cup green pitted olives

Pour la vinaigrette :
For the vinaigrette:

- 1 cuillère à café de moutarde de Dijon ou 1 à 2 cuillères à soupe de levure maltée en flocons
  spoon for coffee of mustard from Dijon   spoons   for soup of yeast malted
  1 teaspoon Dijon mustard or 1 to 2 tablespoons nutritional yeast flakes[11]

- 3 à 4 cuillères à soupe de vinaigre de cidre ou 2 cuillères à soupe de vinaigre de vin rouge
  of vinegar from cider   of vinegar from wine red
  3 to 4 tablespoons cider vinegar or 2 tablespoons red wine vinegar

- 6 cuillères à soupe d'huile d'olive
  6 tablespoons olive oil

---

[11] The nutritional yeast flakes can replace the mustard, while bringing taste and texture to your vinaigrette.
Careful! It may contain traces of gluten.

LES INGRÉDIENTS SUITE
The ingredients continued

- 2 pincées de sel et 2 pincées de poivre (poivre toujours facultatif)
  2 pinches of salt and 2 pinches of pepper (pepper always optional)

- Un filet de jus de citron
  dash of juice from lemon
  A dash of lemon juice

LES USTENSILES
The utensils

- 1 balance ou 1 tasse de mesure pour peser ou mesurer le quinoa, l'eau,
  scales or 1 measuring cup to weigh or measure the quinoa, water,

  les haricots verts, les tomates raisin et les olives noires et vertes
  green beans, grape tomatoes, and black and green olives

- 1 passoire fine pour rincer le quinoa (et les légumes)
  strainer thin for   to rinse
  1 fine-mesh sieve to rinse the quinoa (and the vegetables)

- 1 fait-tout avec son couvercle
  makes everything
  1 pot with a lid

- 1 cuillère à soupe
  spoon for soup
  1 tablespoon

- 1 spatule
  1 spatula

- 1 cuit-vapeur (ou une grande poêle à frire avec couvercle) pour cuire tes haricots verts
  cooks steam   large frying pan to fry   for to cook
  1 steamer pan (or a large frying pan with a lid) to cook your green beans

- de l'essuie-tout
  some wipe everything
  paper towels

- 1 grand saladier
  1 large salad bowl

- des couverts à salade (ou 1 cuillère à soupe et 1 fourchette)
  salad servers (or 1 tablespoon and 1 fork)

47

LES USTENSILES SUITE
The utensils continued

- 1 bol pour préparer ta vinaigrette
  1 bowl to prepare your vinaigrette

- 1 cuillère à café
   spoon for coffee
  1 teaspoon

LES VERBES DE LA RECETTE À L'IMPÉRATIF
The verbs of the recipe in the imperative
The command verbs of the recipe

- **METS (METTRE)**
  Put (to put)

- **RINCE (RINCER)**
  Rinse (to rinse)

- **LAISSE ÉGOUTTER (LAISSER ÉGOUTTER)**
  Let to drain (to let to drain)
  Let drain (to let drain)

- **FAIS CHAUFFER (FAIRE CHAUFFER)**
  Make to heat up (to make to heat up)
  Heat up (to heat up)

- **VERSE (VERSER)**
  Pour (to pour)

- **FAIS REVENIR (FAIRE REVENIR)**
  Make to sauté (to make to sauté)
  Sauté (to sauté)

- **AJOUTE (AJOUTER)**
  Add (to add)

- **COUVRE (COUVRIR)**
  Cover (to cover)

- **BAISSE (BAISSER)**
  Lower (to lower)

- **LAISSE FRÉMIR (LAISSER FRÉMIR)**
  Let to simmer (to let to simmer)
  Let simmer (to let simmer)

- **ÉQUEUTE (ÉQUEUTER)**
  Trim/remove the stalk of (to trim / to remove the stalk of)

- **LAVE (LAVER)**
  Wash (to wash)

- **ÉGOUTTE (ÉGOUTTER)**
  Drain (to drain)

- **CASSE (CASSER)**
  Snap (to snap)

- **FAIS CUIRE (FAIRE CUIRE) À LA VAPEUR**
  Make to cook (to make to cook) with the steam
  Steam (to steam)

- **LAISSE REFROIDIR (LAISSER REFROIDIR)**
  Let to cool (down) (to let to cool [down])
  Let cool (down) (to let cool [down])

- **SÈCHE (SÉCHER)**
  Dry (to dry)

- **RÉSERVE (RÉSERVER)**
  Set/put aside (to set/to put aside)

- **ENLÈVE (ENLEVER)**
  Remove (to remove)

- **LAISSE (LAISSER)**
  Let (to let)

- **DISPOSE (DISPOSER)**
  Place (to place)

- **MÉLANGE (MÉLANGER)**
  Stir/mix (to stir/to mix)

- **GOÛTE (GOÛTER)**
  Taste (to taste)

- **RECTIFIE (RECTIFIER)**
  Adjust (to adjust)

- **SERS (SERVIR)**
  Serve (to serve)

LA RECETTE
The recipe

1. **METS** le quinoa dans une passoire fine et **RINCE**-le bien à l'eau fraîche.
           in   and   it well under fresh running water.
   - **LAISSE**-le **ÉGOUTTER**.

2. **FAIS CHAUFFER** 1 cuillère à soupe d'huile d'olive dans un fait-tout à feu moyen, puis
                                                                             over medium heat, then
   VERSE le quinoa égoutté et **FAIS**-le **REVENIR** pendant 2 minutes environ, tout en remuant avec une spatule.
           drained   for   about, while stirring with

   Le quinoa va dégager un léger parfum de noisette.
   The quinoa will develop a light nutty flavor.

3. **AJOUTE** 3 tasses d'eau au quinoa, puis **COUVRE** le fait-tout et **BAISSE** le feu.
                                                                                        the heat.
   - **LAISSE FRÉMIR à feu doux** pendant environ 25 minutes, ou jusqu'à ce que le quinoa absorbe toute l'eau.
          over low heat   or until the quinoa absorbs all the water.

   ÉVITE de soulever le couvercle du fait-tout toutes les 5 minutes !
   Avoid lifting the pot's lid every 5 minutes!

   DEMANDE de l'aide pour faire cuire ton quinoa, si nécessaire.
   Ask for help to cook your quinoa, if necessary.

   Pendant la cuisson du quinoa…
   While the quinoa is cooking…

4. **ÉQUEUTE** les haricots verts, **LAVE**-les bien à l'eau fraîche et **ÉGOUTTE**-les.
                                                          them well

   - **CASSE** les haricots[12] en 2. C'est facile, s'ils sont frais.
           the   in half. It is easy, if they are fresh.

5. **FAIS CUIRE** les haricots verts **À LA VAPEUR** dans un cuit-vapeur[13]

   pendant 3 à 5 minutes, ou jusqu'à ce qu'ils soient légèrement croquants, ou selon ton goût.
   for   to   or until they are lightly crunchy or according to your taste.

   Si les haricots sont trop cuits, ils deviennent tout mous et perdent de leur valeur nutritionnelle.
   If the beans are overcooked, they go all soft and lose some of their nutritional value.

   DEMANDE de l'aide pour faire cuire tes haricots verts à la vapeur, si nécessaire.
   Ask for help to steam your green beans, if necessary.

   - **LAISSE REFROIDIR** tes haricots dans le cuit-vapeur, quand ils sont cuits.
                                                                when they are cooked.

   ENLÈVE le couvercle du cuit-vapeur, mais ATTENTION de ne pas te brûler les doigts !
   REMOVE the steamer pan's lid, but CAREFUL not to scald your fingers!

---

[12] If your beans are fresh, you don't need to remove their tails (the thin part at the other end of their stem).

[13] BRING 4 to 5 cups of water to a boil at the bottom of your steamer pan, then PLACE the clean, trimmed green beans in the steamer basket, above the boiling water. Cover and steam for 3 to 5 minutes.

6. **LAVE** et **SÈCHE** les tomates raisin avec de l'essuie-tout. **RÉSERVE.**
                                              with

   RETOURNE à ton quinoa maintenant.
   Return to your quinoa now.

7. **ENLÈVE** ton fait-tout du feu, quand le quinoa a absorbé toute l'eau. **LAISSE** le couvercle
                                when the quinoa has absorbed all the water.   the lid

   pendant que le quinoa refroidit et finit de gonfler. *Le quinoa est prêt quand les petits grains ivoire sont*
   while the quinoa cools down and finishes puffing up. *The quinoa is ready when the small ivory grains have*

   devenus transparents et tu peux voir les petits germes blancs du quinoa, en forme de spirales.
   become transparent and you can see little white spirals.

8. **DISPOSE** le quinoa refroidi et gonflé dans un grand saladier.
                             cooled and puffed up

   - **AJOUTE** les haricots verts refroidis, puis les tomates raisin et les olives noires et vertes.

   - **MÉLANGE** tout à l'aide des couverts à salade. **RÉSERVE.**
                     everything using

   PRÉPARE ta vinaigrette maintenant...
   Prepare your vinaigrette now...

9. **METS** dans un bol 1 cuillère à café de moutarde de Dijon, **AJOUTE** 3 à 4 cuillères à soupe

   de vinaigre de cidre et **MÉLANGE** bien avec une cuillère.
                                    well

   - **AJOUTE** 6 cuillères à soupe d'huile d'olive, 2 pincées de sel, 2 pincées de poivre (poivre facultatif),

   et un filet de jus de citron (facultatif). **MÉLANGE**[14] bien à chaque fois.

   Ta vinaigrette de couleur moutarde devient onctueuse.
   Your mustard-colored vinaigrette is becoming smooth.

   - **GOÛTE** ta vinaigrette avant de la servir et **RECTIFIE**-la si nécessaire.
                               before serving it   if required.

   DEMANDE de l'aide pour goûter et rectifier ta vinaigrette (au besoin).
   Ask for help to taste and adjust your vinaigrette (if necessary).

10. **VERSE** ta vinaigrette sur la salade et **MÉLANGE** bien à l'aide des couverts à salade.
                                on

    NOTE : Si tu préfères, **LAISSE** à chacun le soin de se servir en vinaigrette et de la rectifier comme il aime.
    Note: If you prefer, LET everyone help themselves to vinaigrette and adjust the taste according to preference.

---

[14] You can use a bowl with a lid and shake all the ingredients vigorously. CLOSE the lid tightly, otherwise it will be a disaster!

De cette façon, tu évites les critiques... « C'est trop vinaigré, il n'y a pas assez d'huile, c'est trop salé, etc. »
This way, you avoid the critics... "It is too vinegary, there is not enough oil, it is too salty, etc."

11. **SERS** ta salade niçoise assaisonnée **à température ambiante :** c'est délicieux et coloré !
seasoned Niçoise salad **at room temperature**[15]: It is delicious and colorful!

BON APPÉTIT !
Good appetite!
Enjoy your Niçoise salad!

---

[15] If the salad is cold, it will lose a bit of its flavor, which would be a pity! If you don't eat it the same day, PUT it in the refrigerator and TAKE it out at least 30 minutes before serving it, or until it is at room temperature.

LES IDÉES DU CHEF
The ideas of the chef
The chef's ideas

- **UTILISE** cette recette avec du boulgour, du couscous ou du riz, mais **RENSEIGNE-toi**
  Make this recipe with bulgur, couscous, or rice, but **check**

  sur les modes et temps de cuisson.
  cooking methods and times.

- **REMPLACE** les haricots verts par 1 concombre de taille moyenne, pelé, lavé, séché et coupé en dés.
  Replace the green beans with a medium-sized cucumber, peeled, dried, and diced.

- **AJOUTE** à ta salade niçoise :
  Add to your Niçoise salad:

  - 1 beau poivron rouge, vert, orange, jaune ou même violet lavé, séché et coupé en dés
    1 nice red, green, orange, yellow, or even purple bell pepper, washed, dried, and diced

    N'OUBLIE PAS de prélever la membrane blanche et les graines du poivron, bien sûr !
    DON'T FORGET to remove the white skin and the seeds of the pepper, of course!

  - 3 à 4 œufs durs, coupés en quartiers et posés sur le dessus de ta salade pour une jolie
    3 to 4 hard-boiled eggs,[16] cut in quarters and put on top of your salad for a pretty

    décoration et aussi une salade plus nutritive.
    garnish and also a more nutritious salad.

  - 1 à 2 boîtes de thon nature (2 x 142 g / 5 oz) émietté et mélangé à ta salade
    1 to 2 (each 142 g/5 oz) cans of tuna in water, crumbled and mixed in your salad

    ou 300 g / 10,5 oz de jambon blanc coupé en petits morceaux *(Si tu préfères la viande au poisson.)*
    or 300 g/10½ oz cooked ham, cut in small pieces *(If you prefer meat to fish.)*

À toi de choisir les ingrédients pour une salade colorée et nutritive, selon ton goût
Your turn to choose the ingredients for a colorful and nutritious salad, according to your taste

ou sois aventureux (aventureuse) !
or be adventurous!

ET TOI, QU'EST-CE TU AIMES DANS TA SALADE NIÇOISE ?
And you, what do you like in your Niçoise salad?

---

[16] To cook hard-boiled eggs: Cook your eggs in a small pan of boiling water with a few drops of vinegar for 10 minutes, then transfer to a bowl of cold water to cool completely. Peel them carefully.

D'OÙ VIENT LA SALADE NIÇOISE ?
From where comes the salad niçoise?
Where does Niçoise salad come from?

La salade niçoise vient de la ville de Nice, située dans la région Provence-Alpes-Côte d'Azur,
Niçoise salad comes from the city of Nice, located in the Provence-Alpes-Côte d'Azur region,

au sud-est de la France. Cette région est bordée à l'ouest par l'Occitanie et
in the southeast of France. This region is bordered on the west by Occitanie and

l'Auvergne-Rhône-Alpes, deux grandes régions de France.
Auvergne-Rhône-Alpes, two big regions of France.

SAIS-TU DE QUOI EST COMPOSÉE LA SALADE NIÇOISE TRADITIONNELLE ?
Do you know what a traditional Niçoise salad is composed of?

Tu donnes ta langue au chat ?
You give your tongue to the cat?
Give up?

La salade niçoise traditionnelle de Provence est composée de tomates, de thon, d'œufs durs,
A traditional Niçoise salad from Provence is composed of tomatoes, tuna, hard-boiled eggs,

d'olives noires et d'anchois. Elle peut être servie sur un lit de salade verte.
black olives, and anchovies. It can be served on a bed of green salad.

Elle est assaisonnée d'une vinaigrette, comme dans cette recette. Cependant,
It is seasoned with a vinaigrette, as in this recipe. However,

la salade niçoise traditionnelle a beaucoup de variantes : on peut ajouter
the traditional Niçoise salad has a lot of variations: you can add

des poivrons rouges crus, des échalotes, des cœurs d'artichaut, des haricots verts cuits,
raw red bell peppers, shallots, artichoke hearts, cooked green beans,

des pommes de terre cuites, et même du riz, du boulgour ou du quinoa.
cooked potatoes, and even rice, bulgur, or quinoa.

Pour varier les plaisirs !
Just for a change!

En parlant de varier les plaisirs, sais-tu qu'il y a différentes manières de préparer le quinoa ?
Talking about change, do you know that there are different ways to prepare quinoa?

Par exemple, tu peux faire du gratin, du curry, du couscous, de la soupe, des burgers,
For example, you can make gratin, curry, couscous, soup, quinoa burgers,

et d'autres trucs… pour que ton quinoa ne soit pas toujours le même !
and other things… so that your quinoa is not always the same!

ESSAIE donc **D'AUTRES PLATS AU QUINOA** à la page 124. Ces autres plats tels que
Go on, TRY **Other Dishes with Quinoa,** on page 124. These other dishes such as

le quinoa aux légumes de saison et **les burgers de quinoa** sont aussi délicieux et nutritifs.
the quinoa with seasonal vegetables and **the quinoa burgers** are also delicious and nutritious.

GRATIN* DE POMMES DE TERRE
Gratin   of apples   from earth/soil
Potato Gratin*

Temps de préparation : 30 minutes
time   of preparation
Preparation time

Temps de cuisson : 1 heure
cooking   hour
Cooking time

Pour 4 à 6 personnes
for   4 to 6 people
Serves 4 to 6

Plat principal
dish main
Main dish

Toute l'année, surtout en hiver !
all   the year
All year round, particularly in winter!

GRATIN ? QU'EST-CE QUE C'EST ?
Gratin? What is it?

C'est un plat cuisiné recouvert de fromage ou de chapelure et doré au four.
It is a cooked dish topped with cheese or breadcrumbs and browned in the oven.

Tu peux faire un gratin avec presque tout : gratin de légumes, gratin de viande ou de poisson
You can make a gratin with almost anything: vegetable gratin, meat or fish gratin

avec des légumes, gratin de pâtes ou de boulgour avec de la viande ou des légumes… même un
with vegetables, pasta or bulgur gratin with meat or vegetables… even a

gratin de fruits pour le dessert ! Miam, miam ! C'est super !
fruit gratin for dessert! Yum, yum! It's great!

ALLEZ, ON GRATINE MAINTENANT !
Come on, let's cook au gratin now!

LES INGRÉDIENTS
The ingredients

- 1 belle gousse d'ail
     nice clove of garlic
  1 large garlic clove

- 2 cuillères à soupe d'huile d'olive pour huiler le plat à four
     spoons for soup of oil   from olive for to oil the dish for oven
  2 tablespoons olive oil to oil the baking dish

- 1 kg / 35 oz / environ 6 pommes de terre de taille moyenne (par exemple, Yukon Gold)
     apples from earth of size medium
  1 kg/35 oz/about 6 medium-sized potatoes (for instance, Yukon Gold)

- 1 pincée de sel et 1 pincée de poivre (poivre toujours facultatif)
  1 pinch of salt and 1 pinch of pepper (pepper always optional)

- 2 à 3 pincées de noix de muscade (en poudre ou râpée)
     (in powder   )
  2 to 3 pinches of nutmeg (ground or grated)

- 150 g / 5,3 oz / 1 tasse ½ de gruyère râpé (ou parmesan)
     cup   of Gruyère grated
  150 g/5⅓ oz/1½ cups grated Gruyère cheese (or Parmesan)

- 500 ml / 17 fl oz / 2 tasses de lait (ou lait végétal : amande ou riz par exemple)
     cups of milk (milk vegetable   )
  500 ml/17 fl. oz/2 cups milk (or nondairy milk: almond or rice, for instance)

LES USTENSILES
The utensils

- 1 balance ou 1 tasse de mesure pour peser ou mesurer le lait et le gruyère
  scales or 1 measuring cup to weigh or measure the milk and the Gruyère cheese

- 1 plat à four de 22,5 cm / 9 pouces par 33 cm / 13 pouces
  dish for oven
  1 (22.5 cm/9 inches by 33 cm/13 inches) baking dish

- 1 couteau
  1 knife

- 1 planche à découper
  board   for to cut
  1 cutting board

- 1 cuillère à soupe
  spoon   for soup
  1 tablespoon

- de l'essuie-tout
  some wipe everything
  paper towels

- 1 couteau économe / épluche-légumes
  knife   economical   peel   vegetables
  1 potato peeler/peeling knife

- 1 robot de cuisine (ou 1 mandoline)
  robot of kitchen
  1 food processor (or 1 mandolin)

- 1 grand saladier
  1 large salad bowl

- 1 fourchette
  1 fork

LES VERBES DE LA RECETTE À L'IMPÉRATIF
The verbs of the recipe in the imperative

The command verbs of the recipe

- **PRÉCHAUFFE (PRÉCHAUFFER)**
  Preheat (to preheat)

- **ÉPLUCHE (ÉPLUCHER)**
  Peel (to peel)

- **COUPE (COUPER)**
  Cut/slice (to cut/to slice)

- **FROTTE (FROTTER)**
  Rub (to rub)

- **HUILE (HUILER)**
  Oil (to oil)

- **RINCE (RINCER)**
  Rinse (to rinse)

- **ESSUIE (ESSUYER)**
  Dry/wipe (to dry/to wipe)

- **METS (METTRE)**
  Put (to put)

- **SALE (SALER)**
  Salt (to salt)

- **POIVRE (POIVRER)**
  Pepper (to pepper)

- **AJOUTE (AJOUTER)**
  Add (to add)

- **MÉLANGE (MÉLANGER)**
  Mix/stir (to mix/to stir)

- **VERSE (VERSER)**
  Pour (to pour)

- **PARSÈME (PARSEMER)**
  Sprinkle (to sprinkle)

- **FAIS CUIRE (FAIRE CUIRE) à four chaud**
  Make to bake (to make to bake) at oven hot
  Bake (to bake) in a hot oven

- **SERS (SERVIR)**
  Serve (to serve)

LA RECETTE
The recipe

1. **PRÉCHAUFFE** le four à 180° C (350° F).
                 oven

2. **ÉPLUCHE** la gousse d'ail et **COUPE**-la en 2.
                 and   it in half.

3. **FROTTE** le fond et les bords d'un plat à four avec une ½ gousse d'ail.
         the bottom and the sides of   with ½ of the garlic clove.

   - **HUILE** bien le plat à four à l'aide de l'essuie-tout. *N'OUBLIE PAS les bords du plat !*
           well   with the help of   *DON'T FORGET the sides of the dish!*

4. **ÉPLUCHE** les pommes de terre avec un couteau économe.

   - **RINCE** les pommes de terre, puis **ESSUIE**-les avec du papier essuie-tout.
                   then   them

   - **COUPE**-les en **fines rondelles** au robot de cuisine *(c'est vraiment rapide et facile !)* ou avec
          in **thin slices**   with   *(it's really quick and easy!)* or with

     une mandoline ou un couteau, sur une planche à découper *(si tu n'as pas de robot de cuisine).*
                   on   *(if you don't have a food processor).*

     UTILISE toujours un couteau ou une mandoline **avec précaution !**
     Always be careful when using a knife or a mandolin!

     DEMANDE de l'aide pour couper les pommes de terre, si nécessaire.
     Ask for help to cut the potatoes, if necessary.

5. **METS** les fines rondelles de pommes de terre dans un grand saladier.
       the thin potato slices   in

   - **SALE, POIVRE** (facultatif) et **AJOUTE** 2 à 3 pincées de noix de muscade.
             (optional)

   - **MÉLANGE** délicatement avec une fourchette. *Sinon tu risques d'écrabouiller tes patates !*
          gently   *Otherwise, you might crush your potatoes!*

   - **AJOUTE** ⅔ du gruyère râpé, **MÉLANGE** encore, puis **AJOUTE** le lait.
          ⅔ of the grated Gruyère cheese,   again, then

6. **VERSE** ta préparation dans le plat à four huilé.
       your mixture   oiled.

   - **PARSÈME**-la du reste de gruyère râpé.
             it with the remaining grated Gruyère.

7. **FAIS CUIRE** ton gratin de pommes de terre **à four chaud** à 180° C (350° F) pendant 1 heure,
   your potato gratin   for

   ou jusqu'à ce que les pommes de terre soient tendres et dorées.
   or until the potatoes are tender[17] and golden brown.

   Pour obtenir un joli gratin doré sur le dessus, FAIS-le GRATINER sous le gril pendant 5 minutes.
   To get a gratin nice and golden brown on top, place it under a hot broiler for 5 minutes.

8. **SERS** ton gratin de pommes de terre **chaud,** avec une belle salade verte. *C'est délicieux !*
                                           warm, with a nice green salad.   *It's delicious!*

   NOTE : Si tes convives n'ont pas dévoré tout le gratin, les restes seront aussi délicieux le lendemain.
   Note: If your guests did not devour all the gratin, the leftovers will also be delicious the next day.

BON APPÉTIT !
Good appetite!
Enjoy your potato gratin!

---

[17] If a fork can be easily inserted into a piece of potato, you'll know the gratin is cooked.

LES CONSEILS PRATIQUES DU CHEF
The advice/tips practical of the chef
The chef's practical tips

- Si le gratin de pommes de terre se dessèche pendant la cuisson, **VERSE** un peu de lait sur le dessus.
  If the potato gratin dries out while cooking, **pour** a bit of milk over the top.

- Si le dessus du gratin dore trop vite pendant la cuisson, **BAISSE**
  If the top of the gratin is browning too quickly while cooking, **turn down**

  la température du four à 150° C (300° F) et **COUVRE** le plat avec du papier d'aluminium.
  the oven temperature to 150°C (300°F) and **cover** the dish with some aluminum foil.

LES IDÉES DU CHEF
The ideas of the chef
The chef's ideas

- **REMPLACE** les pommes de terre par la même quantité de patates douces. Ton gratin
  Replace the potatoes with the same quantity of sweet potatoes. Your gratin

  aura une belle couleur orange : c'est cool et délicieux aussi !
  will have a beautiful orange color: it's cool and delicious too!

- **AJOUTE** aux pommes de terre à l'étape **n°5** de la recette :
  Add to the potatoes at step **#5** of the recipe:

  - **400 g (14 oz)** de champignons frais essuyés, entiers ou coupés en 2 s'ils sont gros,
    400 g (14 oz) fresh mushrooms, wiped clean, whole or cut in half if they're large,

    ou **UTILISE 80 g (2,8 oz)** de champignons séchés.
    or **use 80 g (2¾ oz)** dried mushrooms.

    N'OUBLIE PAS de les faire tremper dans de l'eau tiède pendant 1 heure et de bien les égoutter !
    Don't forget to soak them in lukewarm water for 1 hour[18] and to drain them well!

    ET TOI, MANGES-TU DES CHAMPIGNONS ?
    And you, do you eat mushrooms?

    SINON, GOÛTE-LES ! *Sois aventureux (aventureuse) !*
    If not, taste them! *Be adventurous!*

---

[18] Or follow the package directions.

D' OÙ VIENT LE GRATIN DE POMMES DE TERRE ?

From where comes the gratin of apples from earth/soil?

Where does potato gratin come from?

Le gratin de pommes de terre, appelé aussi **Gratin dauphinois,** vient du Dauphiné, une ancienne
Potato gratin, also called Gratin dauphinois, comes from Dauphiné, a former

région du sud-est de la France. Ce sont maintenant les départements de l'Isère, de la Drôme
region in southeastern France. The Isère, Drôme,

(en Auvergne-Rhône-Alpes) et des Hautes-Alpes (en Provence-Alpes-Côte d'Azur)
(in Auvergne-Rhône-Alpes) and Hautes-Alpes (in Provence-Alpes-Côte d'Azur)

qui correspondent approximativement à l'ancienne région du Dauphiné.
are now the *départements* that roughly correspond to the former Dauphiné region.

SAIS-TU QUEL INGRÉDIENT UTILISÉ DANS LE GRATIN DAUPHINOIS N'EST PAS
Do you know which ingredient used in Gratin dauphinois is not

DANS TA RECETTE DE GRATIN AUX POMMES DE TERRE ?
in your potato gratin recipe?

Tu donnes ta langue au chat ?
You give your tongue to the cat?
Give up?

On utilise de la crème fraîche liquide dans le Gratin dauphinois. Elle remplace le lait
Heavy cream (French-style heavy cream) is used in Gratin dauphinois. It is used in place of milk

en même quantité ou est utilisée avec le lait. Certaines recettes utilisent soit
in the same quantity or is used in addition to milk. Some recipes use

⅓ *de crème + ⅔ de lait, soit ½ de crème + ½ de lait, par exemple.*
⅓ heavy cream + ⅔ milk, or ½ heavy cream + ½ milk, for instance.

SAIS-TU POURQUOI CE GRATIN EST PLUS LÉGER QUE LE GRATIN DAUPHINOIS ?
Do you know why this gratin is lighter than Gratin dauphinois?

Tu donnes ta langue au chat ?
Give up ?

Parce que tu n'utilises pas de crème fraîche liquide dans ton gratin.
Because you don't use any heavy cream in your gratin.

La crème fraîche liquide contient plus de matières grasses que le lait.
The heavy cream has a higher fat content than milk.

Ton gratin est plus léger, mais aussi délicieux.
Your gratin is lighter, but also delicious.

À PROPOS, si tu as envie de crème fraîche liquide dans ton gratin… VAS-Y !
By the way, if you feel like having some heavy cream in your gratin… Go for it!

UTILISE par exemple 250 ml (8,5 fl oz) de crème fraîche liquide + 250 ml (8,5 fl oz) de lait.
Use, for instance, 250 ml (8½ fl. oz) single cream (French-style heavy cream) + 250 ml (8½ fl. oz) milk.

MÉLANGE la crème fraîche liquide avec le lait et **SUIS** la même recette, bien sûr !
Mix the heavy cream with the milk and **follow** the same recipe, of course!

Tu peux même utiliser de la crème végétale. ESSAIE-la. C'est aussi délicieux et très léger.
You can even use vegan cream.[19] Try it. It is also delicious and very light.

---

[19] USE a cream alternative like an almond or coconut creamer, for instance.

DESSERTS
Desserts

MOUSSE SOYEUSE AU CHOCOLAT
Mousse   silky   with chocolate
Silky Chocolate Mousse

Chocolate mousse is a staple French dessert but this is a lighter version. You can fool your friends with the secret ingredient (tofu). Don't worry if you don't like tofu—you can't taste it. You can eat the mousse as is, or use it as a yummy spread on a cake. Chocolate fans will love it!

Temps de préparation : 20 minutes
time   of preparation
Preparation time

Temps de cuisson : 5 minutes au bain-marie
cooking   in a bath-Marie
Cooking time: 5 minutes in a bain-marie/double boiler

Temps de réfrigération : 2 heures à 24 heures au réfrigérateur
refrigeration
Chilling time: 2 to 24 hours in the refrigerator

Pour 6 personnes
for   6 people
Serves 6

Dessert
Dessert

Toute l'année
All year round

LES INGRÉDIENTS
The ingredients

- 200 g / 7 oz / 1 tasse bombée de chocolat noir pâtissier en pépites (ou en tablette[s])
  200 g/7 oz/1 heaping cup dark baking chocolate[20] chips (or bar[s])

- 6 cuillères à soupe de lait (ou lait végétal : amande ou soja par exemple)
  6 tablespoons milk (or nondairy milk: almond or soy, for instance)

- 1 brique de tofu soyeux de 340 g / 12 oz
  1 (340 g/12 oz) package silken tofu

- 1 pincée de sel
  1 pinch of salt

---

[20] USE dark or semisweet baking chocolate.

LES USTENSILES
The utensils

- 1 balance ou 1 tasse de mesure pour peser ou mesurer le chocolat
  scales or 1 measuring cup to weigh or measure the chocolate

Pour le bain-marie :
For the bain-marie/double boiler:

- 1 grande casserole
  1 large saucepan

- 1 saladier en verre ou en métal à poser sur la grande casserole
  salad bowl in glass   in metal to to place on the big saucepan
  1 glass or metal bowl to place on the large saucepan

- 1 cuillère à soupe
  spoon   for soup
  1 tablespoon

- 1 spatule
  1 spatula

- 1 robot de cuisine (ou 1 mixeur à main)
  robot of kitchen (blender at hand)
  1 food processor (or handheld beaters)

- 1 grand saladier ou 6 coupes individuelles pour servir la mousse
  cups   individual   for   to serve the mousse
  1 large bowl or 6 individual bowls to serve the mousse

- du film alimentaire pour couvrir le grand saladier ou les 6 coupes individuelles
  film for food   for   to cover
  plastic wrap to cover the big bowl or the 6 individual bowls

LES VERBES DE LA RECETTE À L'IMPÉRATIF
The verbs of the recipe in the imperative

The command verbs of the recipe

- **CASSE (CASSER)**
  Break (to break)

- **METS (METTRE)**
  Put (to put)

- **AJOUTE (AJOUTER)**
  Add (to add)

- **PRÉPARE (PRÉPARER)**
  Prepare (to prepare)

- **REMPLIS (REMPLIR)**
  Fill (up) (to fill [up])

- **FAIS CHAUFFER (FAIRE CHAUFFER)**
  Make to heat (to make to heat)
  Heat (to heat)

- **POSE (POSER)**
  Place/put (to place/to put)

- **LAISSE FONDRE (LAISSER FONDRE)**
  Let to melt (to let to melt)
  Let melt (to let melt)

- **REMUE (REMUER)**
  Stir (to stir)

- **RETIRE (RETIRER)**
  Remove (to remove)

- **LISSE (LISSER)**
  Smooth (to smooth)

- **VERSE (VERSER)**
  Pour (to pour)

- **MIXE (MIXER)**
  Blend/liquidize (to blend/to liquidize)

- **INCORPORE (INCORPORER)**
  Stir in (to stir in)

- **COUVRE (COUVRIR)**
  Cover (to cover)

- **SERS (SERVIR)**
  Serve (to serve)

LA RECETTE
The recipe

1. **CASSE** le chocolat en tablette(s) en morceaux *(si tu utilises des tablettes de chocolat).*
   in pieces   *(if you are using chocolate bars).*

   - **METS** les morceaux de chocolat ou les pépites de chocolat dans le saladier.
     chocolate pieces   or the chocolate chips

   - **AJOUTE** au chocolat 6 cuillères à soupe de lait.
     to the

2. **PRÉPARE** un bain-marie :

   - **REMPLIS** la **grande casserole** d'eau **à mi-hauteur.**
                                          halfway with water.

   - **FAIS CHAUFFER** à feu moyen-doux.
                       over medium-low heat.

   ATTENTION, l'eau **ne doit pas bouillir !**
                    the water **must not come to a boil!**

3. **POSE** le saladier avec le chocolat et le lait sur la grande casserole, quand l'eau **frémit doucement.**
                                                                              when the water **is gently simmering.**

   DEMANDE de l'aide pour faire chauffer le chocolat, si nécessaire.
   Ask for help to heat the chocolate, if necessary.

   - **LAISSE FONDRE doucement** le chocolat et le lait **à feu doux.**
                      gently   over low heat.

   - **REMUE** de temps en temps avec la spatule.
              from time to time

4. **RETIRE** le bain-marie du feu quand le chocolat est fondu.
              from the heat when the chocolate is melted.

   - **LISSE** le chocolat avec la spatule.

5. **AJOUTE** le tofu soyeux au chocolat fondu et refroidi (température ambiante).
              to the melted and cooled chocolate (room temperature).

   - **VERSE** le tofu soyeux et le chocolat dans le bol d'un robot de cuisine.
                                               in the bowl of a food processor.

   - **MIXE**-les **longuement** (au moins 5 minutes) dans le robot de cuisine. Le mélange doit
          them **thoroughly** (at least 5 minutes) in   The mixture should

   être **lisse** et **soyeux,** comme une mousse.
   be **smooth** and **silky,** like a mousse.

6. **INCORPORE** 1 pincée de sel à la mousse au chocolat.

7. **VERSE** la mousse au chocolat dans un grand saladier ou dans 6 coupes individuelles à l'aide de la spatule.
with the help of

LÈCHE ta spatule, si ça te dit !
Lick your spatula, if you feel like it!

- **COUVRE** le saladier ou les 6 coupes avec du film alimentaire.

- **METS** la mousse au réfrigérateur **pendant 2 heures,** ou plus longtemps, si tu peux attendre.
  in the refrigerator **for 2 hours,** or longer, if you can wait.

Ta mousse va bien prendre et sera encore meilleure.
   is going to set up well and will be even better.

8. **SERS** ta mousse **froide.** *Miam, miam !*
   chilled. *Yum, yum!*

BON APPÉTIT !
Good appetite!
Enjoy your mousse!

non   oui !

LES IDÉES DU CHEF
The ideas   of the chef
The chef's ideas

- **REMPLACE** le tofu par 1 avocat de taille moyenne, très mûr et **UTILISE** 8 cuillères à soupe de lait.
  Replace the tofu with 1 very ripe medium-sized avocado and **use** 8 tablespoons milk.

- **PARFUME** ta mousse à l'étape **n°6** de ta recette, selon ton goût :
  Flavor your mousse at step **#6** of the recipe, according to your taste:

  - 1 à 2 cuillères à café d'extrait d'amande ou de menthe pur (ou quelques feuilles de menthe fraîche)
    1 to 2 teaspoons pure almond or mint extract (or a few leaves of fresh mint)

  - 1 à 2 cuillères à café d'épices en poudre de ton choix : cannelle, cardamome, gingembre
    1 to 2 teaspoons ground spices of your choice: cinnamon, cardamom, ginger

  - 1 à 2 cuillères à café de zestes d'agrumes râpés (orange ou citron)
    1 to 2 teaspoons grated citrus zest (orange or lemon[21])

  - 100 g / 3,5 oz de framboises fraîches, lavées, séchées et écrasées
    100 g/3 ½ oz fresh raspberries,[22] washed, dried, and mashed

  - **GOÛTE** ta mousse parfumée et **AJOUTE** un peu plus du parfum que tu as choisi, si nécessaire.
    Taste your flavored mousse and **add** a bit more of the flavor you have chosen, if necessary.

  ET TOI, QUEL EST TON PARFUM PRÉFÉRÉ ?
  And you, what is your favorite flavor?

- **UTILISE** cette mousse pour :
  Use this mousse for:

  - un glaçage de gâteau (comme pour le gâteau au yaourt par exemple, à la page 94)
    a cake icing (for the yogurt cake on page 94, for instance)

  - une garniture pour un gâteau à étages, un fond de tarte et même une bûche de Noël !
    a filling for a layer cake, pastry crust, and even a Yule log![23]

  À PROPOS, QUEL DESSERT MANGES-TU À NOËL ?
  By the way, what dessert do you eat at Christmas?

---

[21] USE organic fruits if available. Don't forget to wash and dry them first!
[22] See Note 21 above.
[23] Not a log of wood, of course, but a traditional French dessert for Christmas!

QU'EST-CE QUE C'EST LE TOFU ?
What is this that it is the tofu?
What is tofu?

Le tofu est un bloc blanc mou au goût neutre : c'est comme un fromage de soja. On le trouve le
Tofu is a soft white block with a neutral taste. It is like a soy cheese. You find it

plus souvent sous deux formes : ferme ou soyeux. Il est préparé à partir du lait de soja caillé.
most often in two forms: firm or silky. It is made from curdled soy milk.

Le lait de soja est une boisson végétale qui peut remplacer le lait de vache. Il est préparé
Soy milk is a nondairy beverage that can replace cow's milk. It's made

à partir du broyage des graines de soja jaune, une légumineuse cultivée en Asie depuis des siècles.
by grinding yellow soybeans, a legume grown in Asia for centuries.

Le soja jaune est riche en protéines et pauvre en graisses.
The soybean is high in proteins and low in fat.

De plus, il ne contient pas de gluten. Super, si tu suis un régime sans gluten !
In addition, it does not contain any gluten. Super, if you follow a gluten-free diet!

Sais-tu que le tofu est un aliment quotidien en Asie, comme en Chine et au Japon ? Il est
Do you know that tofu is an everyday food in Asia, in countries like China and Japan? It is

aussi consommé en France et dans beaucoup d'autres pays occidentaux, principalement dans
also consumed in France and many other western countries, mostly in

la cuisine végétarienne en remplacement de la viande ou du poisson.
vegetarian cooking as a meat or fish substitute.

ET TOI, AIMES-TU LE TOFU ?
And you, do you like tofu?

À propos, as-tu essayé la **MOUSSE AU CHOCOLAT TRADITIONNELLE** à la page 131 ?
By the way, have you tried the **Traditional Chocolate Mousse** on page 131?

Elle est aussi délicieuse !
It is also delicious!

QU'EST-CE QUE C'EST LE TOFU ?
What is this that it is the tofu?
What is tofu?

Le tofu est un bloc blanc mou au goût neutre : c'est comme un fromage de soja. On le trouve le
Tofu is a soft white block with a neutral taste. It is like a soy cheese. You find it

plus souvent sous deux formes : ferme ou soyeux. Il est préparé à partir du lait de soja caillé.
most often in two forms: firm or silky. It is made from curdled soy milk.

Le lait de soja est une boisson végétale qui peut remplacer le lait de vache. Il est préparé
Soy milk is a nondairy beverage that can replace cow's milk. It's made

à partir du broyage des graines de soja jaune, une légumineuse cultivée en Asie depuis des siècles.
by grinding yellow soybeans, a legume grown in Asia for centuries.

Le soja jaune est riche en protéines et pauvre en graisses.
The soybean is high in proteins and low in fat.

De plus, il ne contient pas de gluten. Super, si tu suis un régime sans gluten !
In addition, it does not contain any gluten. Super, if you follow a gluten-free diet!

Sais-tu que le tofu est un aliment quotidien en Asie, comme en Chine et au Japon ? Il est
Do you know that tofu is an everyday food in Asia, in countries like China and Japan? It is

aussi consommé en France et dans beaucoup d'autres pays occidentaux, principalement dans
also consumed in France and many other western countries, mostly in

la cuisine végétarienne en remplacement de la viande ou du poisson.
vegetarian cooking as a meat or fish substitute.

ET TOI, AIMES-TU LE TOFU ?
And you, do you like tofu?

À propos, as-tu essayé la **MOUSSE AU CHOCOLAT TRADITIONNELLE** à la page 131 ?
By the way, have you tried the **Traditional Chocolate Mousse** on page 131?

Elle est aussi délicieuse !
It is also delicious!

CRÊPES D'ÉPEAUTRE* SUCRÉES
Crepes of spelt sweet

Sweet Spelt* Crepes

Temps de préparation : 15 minutes
time of preparation
Preparation time

Temps de repos : 2 heures à 24 heures
rest hours to
Resting time: 2 to 24 hours

Temps de cuisson : environ 2 minutes par crêpe
cooking about per crepe
Cooking time: about 2 minutes per crepe

Pour 8 à 10 crêpes
for 8 to 10 crepes
Makes 8 to 10 crepes

Dessert
Dessert

Toute l'année
all   the year
All year round

*ÉPEAUTRE ? QU'EST-CE QUE C'EST ?
*Spelt? What is it?

C'est l'ancêtre du blé. En France, on appelle aussi l'épeautre « blé des Gaulois », car c'était la
It is the ancestor of wheat. In France, we also call spelt "Gallic wheat" because it was the

nourriture des Gaulois, peuples celtes venus d'Asie centrale qui se sont installés en Europe
food of the Gauls,[24] Celts from Central Asia, who settled in Europe

à partir du VIIe siècle avant J.-C. De nos jours, l'épeautre est toujours cultivé en Europe centrale
starting in the seventh century BC. Nowadays, spelt is still cultivated in Central Europe

et au nord de l'Espagne. L'épeautre, très riche en protéines et très nutritif, a un goût de noisette.
and northern Spain. High in proteins and other nutrients, spelt tastes like hazelnuts.

Il contient du gluten comme son cousin le blé, mais il est moins allergénique que le blé.
It contains gluten like its cousin wheat, but it is less allergenic than wheat.

Bonne nouvelle si tu es allergique au blé ! Mais si tu suis un régime sans gluten,
Good news if you are allergic to wheat! But if you follow a gluten-free diet,

UTILISE par exemple la farine de maïs qui est une farine sans gluten.
USE, for instance, corn flour, which is a gluten-free flour.

On peut utiliser l'épeautre sous forme de farine pour faire des crêpes.
You can use spelt in the form of flour to make crepes.

La farine d'épeautre est aussi utilisée pour faire du pain, des biscuits, des gâteaux et des pâtes, par exemple.
Spelt flour[25] is also used to make bread, cookies, cakes, and pasta, for instance.

On peut aussi cuisiner l'épeautre en grain comme le riz, ou même en flocons ou semoule pour
You can also cook spelt grain like rice, or even in flakes or semolina for

le petit déjeuner, par exemple.
breakfast, for instance.

---

[24] If you are a fan of cartoons and Gallic people, read the adventures of Asterix and Obelix in Gaul (France was called Gaul 2000 years ago).

[25] Did you know that you can use spelt flour instead of wheat flour (or mix it with wheat flour) in most recipes?

LES INGRÉDIENTS
The ingredients

Pour la pâte à crêpes :
batter for crepes
For the crepe batter:

- 250 g / 9 oz / 2 tasses de farine d'épeautre (ou de farine de blé ou de maïs par exemple)
  cups   of flour   from spelt   (of flour from wheat   from corn   )
  250 g/9 oz/2 cups spelt flour (or wheat[26] or corn flour, for instance)

- 1 pincée de sel
  1 pinch of salt

- 3 œufs légèrement battus
  3 eggs, lightly beaten

- 720 ml / 24 fl oz / 3 tasses de lait (ou lait végétal : avoine ou amande, par exemple)
  cups   of milk (milk vegetable   )
  720 ml/24 fl. oz/3 cups milk (or nondairy milk: oat or almond, for instance)

- 1 cuillère à soupe d'huile d'olive
  spoon   for soup of oil from olive
  1 tablespoon olive oil

+ une petite soucoupe d'huile pour graisser la poêle antiadhésive
  for   to grease the pan anti-adhesive
  + a small saucer of oil to grease the nonstick frying pan

Pour la garniture des crêpes :
filling   of the crepes
For the crepe filling:

- du sucre + du jus de citron, du miel, de la confiture, de la compote de fruits,
  sugar[27] + lemon juice, honey, jam, stewed fruit,

  du chocolat fondu ou de la pâte à tartiner (beurre d'amandes ou de cacahuètes).
  melted chocolate, or sandwich spread (almond or peanut butter).

  ESSAIE différentes garnitures : à toi de jouer !
  Try different fillings: it's up to you!

---

[26] USE unbleached all-purpose flour or pastry flour.

[27] USE natural cane sugar, if available.

LES USTENSILES
The utensils

- 1 balance ou 1 tasse de mesure pour peser ou mesurer la farine et le lait
  scales or 1 measuring cup to weigh or measure the flour and the milk

- 1 grand saladier
  1 large salad bowl

- 1 cuillère en bois
  spoon   in wood
  1 wooden spoon

- 1 fouet à main
  whisk at hand
  1 handheld whisk

- 1 cuillère à soupe
  spoon   for soup
  1 tablespoon

- du film alimentaire pour couvrir le grand saladier
  some film for food   for   to cover
  plastic wrap to cover the large salad bowl

- 1 poêle antiadhésive (ou 1 poêle à crêpes)
  pan anti-adhesive   (pan for crepes)
  1 nonstick frying pan (or 1 crepe pan)

- de l'essuie-tout
  some wipe everything
  paper towels

- 1 petite soucoupe pour l'huile
  1 small saucer for the oil

- 1 louche
  1 ladle

- 1 grande spatule
  1 large spatula

- 1 grande assiette ou un plat pour les crêpes
  1 large plate or a dish for the crepes

- 1 torchon pour couvrir les crêpes
  1 dishtowel to cover the crepes

LES VERBES DE LA RECETTE À L'IMPÉRATIF
The verbs of the recipe in the imperative
The command verbs of the recipe

- **VERSE (VERSER)**
  Pour (to pour)

- **CREUSE (CREUSER)**
  Dig (to dig)

- **CASSE (CASSER)**
  Crack open (to crack open)

- **AJOUTE (AJOUTER)**
  Add (to add)

- **MÉLANGE (MÉLANGER)**
  Mix/stir (to mix/to stir)

- **COUVRE (COUVRIR)**
  Cover (to cover)

- **LAISSE REPOSER (LAISSER REPOSER)**
  Let to rest (to let to rest)
  Let rest (to let rest)

- **ALLONGE (ALLONGER)**
  Make thinner (to make thinner)

- **GRAISSE (GRAISSER)**
  Grease/oil (to grease/to oil)

- **FAIS CHAUFFER (FAIRE CHAUFFER)**
  Make to heat (to make to heat)
  Heat (to heat)

- **ÉTENDS (ÉTENDRE)**
  Spread (out) (to spread [out])

- **FAIS CUIRE (FAIRE CUIRE) à la poêle**
  Make to cook (to make to cook)
  Cook (to cook) in the pan

- **RETOURNE (RETOURNER)**
  Turn over/flip over (to turn over/to flip over)

- **FAIS SAUTER (FAIRE SAUTER)**
  Make to toss/to flip over (to make to toss/to flip over)
  Toss/flip over (to toss/to flip over)

- **DÉPOSE (DÉPOSER)**
  Lay/put down (to lay/to put down)

- **PRÉPARE (PRÉPARER)**
  Prepare (to prepare)

- **RÉCHAUFFE (RÉCHAUFFER)**
  Reheat (to reheat)

- **SAUPOUDRE (SAUPOUDRER)**
  Sprinkle/dust (over) (to sprinkle/to dust [over])

- **TARTINE (TARTINER)**
  Spread (on) (to spread [on])

- **PLIE (PLIER)**
  Fold (to fold)

- **SERS (SERVIR)**
  Serve (to serve)

LA RECETTE
The recipe

LA PÂTE À CRÊPES
The crepe batter

1. **VERSE** la farine d'épeautre + 1 pincée de sel dans un grand saladier.
                                                                                                                                in

   - **CREUSE** un petit puits au milieu.
                   a small well in the center.

2. **CASSE** 3 œufs dans le petit puits.

   Attention ! NE LAISSE PAS TOMBER de coquille d'œuf dans la farine !
   Careful! DON'T DROP any eggshell into the flour!

3. **AJOUTE** le lait **petit à petit** et **MÉLANGE bien** avec une cuillère en bois ou un fouet à main.
                         gradually

4. **AJOUTE** 1 cuillère à soupe d'huile d'olive et **MÉLANGE** à nouveau.
                                                                                                   again.

   *La pâte doit être **liquide** et **lisse**. Sans grumeaux ! Sinon, PASSE-la au chinois.*
   The batter should be **runny** and **smooth**. Lump-free! If it's not, pour it through a sieve.

5. **COUVRE** le saladier avec du film alimentaire.

   - **LAISSE REPOSER** la pâte à crêpes **pendant 2 heures** ou toute la nuit au réfrigérateur.
                                                         for 2 hours, or overnight, in the refrigerator.

   Tes crêpes seront bien moelleuses.
   Your crepes will be nice and smooth.

   - **N'OUBLIE PAS** de sortir ta pâte du réfrigérateur au moins 30 minutes
   DON'T FORGET to remove your batter from the refrigerator at least 30 minutes

   avant la cuisson des crêpes pour qu'elle soit à température ambiante !
   before cooking the crepes to let it come to room temperature!

   - **MÉLANGE** encore la pâte et **ALLONGE**-la avec un peu d'eau, si elle est trop épaisse.
   Stir the batter again and **thin** it with a bit of water,[28] if it is too thick.

   NOTE : Un petit truc pour savoir si ta pâte à crêpes est prête pour la cuisson :
   Note: A small trick to know if your crepe batter is ready for cooking:

   - **PLONGE** une louche dans la pâte à crêpes. PASSE ton doigt au dos de la louche.
   Dip a ladle in the crepe batter. Run your finger along the back of the ladle.

   S'il laisse une trace bien visible, ta pâte est prête pour la cuisson.
   If it leaves a clear trace, your batter is ready for cooking.

---

[28] Don't add milk, or your batter will stick to the pan!

LA CUISSON DES CRÊPES
Cooking the crepes

6. **GRAISSE** une poêle antiadhésive avec du papier essuie-tout imbibé d'huile, avant de cuire chaque crêpe.
   　　　　　　with some paper towel moistened with oil, before cooking each crepe.

   - **FAIS CHAUFFER** la poêle à feu moyen.
   　　　　　　　　over medium heat.

   DEMANDE de l'aide pour préparer ta poêle et pour cuire tes crêpes, si nécessaire.
   Ask for help to prepare your pan and to cook your crepes, if necessary.

7. **VERSE** une louche de pâte quand ta poêle est **bien chaude,** mais pas fumante !
   a ladle of batter when your pan is **nice and hot** but not smoking!

   - **ÉTENDS** la pâte en tournant ta poêle afin d'en recouvrir entièrement le fond.
   　　　　the batter by rotating your pan to completely cover the bottom of it.

   SOIS rapide, car ta pâte cuit très vite !
   BE quick, because the batter cooks very quickly!

8. **FAIS CUIRE** la crêpe à feu moyen pendant 1 minute environ, ou jusqu'à ce que les bords de
   　　　　　　over medium heat for about 1 minute, or until the edges of

   la crêpe se décollent facilement et commencent à dorer.
   the crepe come away from the pan easily and are turning golden.

   - **RETOURNE** la crêpe avec une grande spatule ou **FAIS**-la **SAUTER** en l'air *(si tu es habile !).*
   　　　　　　　　　　　with　　　　　　　　　or **flip** it **over** in the air *(if you are skillful!).*

9. **FAIS CUIRE** la crêpe sur l'autre face pendant 1 minute environ, ou jusqu'à ce qu'elle soit dorée.
   　　　　　　on the other side　　　　　　　　　　or until it is golden brown.

   - **DÉPOSE**-la sur une grande assiette et **COUVRE**-la avec un torchon.
   　　　　it on

   - **PRÉPARE** les autres crêpes de la même façon.
   　　　　the other crepes the same way.

LA GARNITURE DES CRÊPES
The crepe filling

10. **RÉCHAUFFE** les crêpes une à une, à feu moyen dans la poêle graissée.
            one by one,   in the oiled pan.

    - **SAUPOUDRE** tes crêpes d'1 cuillère à soupe de sucre + du jus de citron, ou bien
          your crepes of   or

    TARTINE-les d'1 cuillère à soupe de miel, de confiture, de compote de fruits,
        them

    de chocolat fondu ou de pâte à tartiner (beurre d'amandes ou de cacahuètes)[29].

11. **PLIE** les crêpes en 2 et **SERS**-les chaudes.
        in half   warm.

BON APPÉTIT !
Good appetite!
Enjoy your crepes!

---

[29] Offer your guests different fillings so they can pick their favorites.

LES CONSEILS PRATIQUES DU CHEF
The advice/tips practical   of the chef
The chef's practical tips

- **NE TE DÉCOURAGE PAS** si tu rates ta première crêpe : c'est normal !
  Don't give up if you make a mess of your first crepe: it's normal!

- **METS**-la de côté ou **MANGE**-la, puis **RECOMMENCE.** *N'OUBLIE PAS de graisser ta poêle à crêpes !*
  Put it aside or **eat** it, then **start again**.   *Don't forget to oil your crepe pan!*

- **RÉCHAUFFE** tes crêpes sur une assiette posée sur une casserole d'eau frémissante
  Reheat your crepes on a plate on top of a saucepan of simmering water

  si tu ne les sers pas immédiatement.
  if you aren't serving them immediately.

- **DEMANDE** de l'aide pour réchauffer tes crêpes, si nécessaire.
  Ask for help to reheat your crepes, if necessary.

  ET TOI, AS-TU UNE GARNITURE DE CRÊPES PRÉFÉRÉE ?
  And you, do you have a favorite crepe filling?

QUAND MANGE-T-ON DES CRÊPES EN FRANCE ?
When   eats   one some crepes in France?
When do people eat crepes in France?

En France, on mange des crêpes à l'occasion de fêtes comme la Chandeleur, le Mardi gras et
In France, people eat crepes on holidays such as Candlemas, Mardi Gras, and

la Mi-Carême. Les Français aiment aussi manger des crêpes toute l'année dans les crêperies,
Mi-Carême (in the middle of Lent). The French also like to eat crepes all year round in creperies,

et même dans la rue auprès de vendeurs de crêpes ambulants, ou bien sûr,
and even on the street from traveling crepe vendors, or, of course,

à la maison en famille ou avec des amis.
at home with family and friends.

AS-TU DÉJÀ MANGÉ DES CRÊPES DANS LA RUE EN FRANCE OU AILLEURS ?
Have you ever eaten crepes on the street in France or elsewhere?

C'est très amusant et alléchant de regarder le vendeur préparer ta crêpe. Miam, miam !
It's very entertaining and mouth-watering to watch the vendor prepare your crepe. Yum yum!

Quel régal de déguster une bonne crêpe chaude dans la rue en plein hiver !
It's such a treat to enjoy a good warm crepe on the street in the middle of winter!

Sais-tu que tu peux aussi manger des crêpes salées comme plat principal et faire un repas complet de crêpes ?
Do you know that you can also eat savory crepes as a main dish and have a complete meal with crepes?

C'est la fête ! *Chouette !*
It's party time! *Fabulous!*

ESSAIE donc les **CRÊPES DE SARRASIN AU SAUMON** à la page 24. Elles sont aussi super bonnes.
Go on, TRY the **Buckwheat Crepes with Salmon** on page 24. They are also super good.

CLAFOUTIS* AUX ABRICOTS
Clafoutis with apricots
Apricot Clafoutis*

Temps de préparation : 20 minutes
time of preparation
Preparation time

Temps de cuisson : 30 à 40 minutes
cooking to
Cooking time

Pour 6 personnes
for 6 people
Serves 6

Dessert
Dessert

En été ou quand c'est la saison des abricots dans ta région
In summer, or when apricots are in season in your region

*CLAFOUTIS ? QU'EST-CE QUE C'EST ?
*Clafoutis? What is it?

C'est une sorte de flan avec des fruits moelleux, traditionnellement préparé avec des cerises.
It is a kind of flan with moist fruits, traditionally prepared with cherries.

Sais-tu que ce gâteau aux fruits est la version sucrée de la quiche sans pâte (page 16) ?
Do you know that this fruit cake is the sweet version of the crustless quiche (page 16)?

Tu le prépares à partir d'une pâte semblable à la pâte à quiche et tu ajoutes des fruits.
You prepare it with a batter similar to the quiche batter and you add fruit.

Tu peux faire des clafoutis avec toutes sortes de fruits, selon ce qui est en saison dans ta région, bien sûr !
You can make clafoutis with all kinds of fruits, according to what's in season in your region, of course!

LES INGRÉDIENTS
The ingredients

- 500 g / 18 oz / environ 10 à 12 abricots bien mûrs
  apricots well ripe
  500 g/18 oz/about 10 to 12 ripe apricots

- 4 œufs
  4 eggs

- 100 g / 3,5 oz / ½ tasse de sucre de canne blond
  cup   of sugar from cane blond
  100 g/3½ oz/½ cup natural cane sugar

- 80 g / 3 oz / environ ¾ de tasse de farine d'épeautre (ou farine de blé)
  of cup   of flour of spelt   (flour of wheat)
  80 g/3 oz/about ¾ cup spelt flour (or wheat flour[30])

  + 1 cuillère à soupe de farine pour fariner le moule à tarte
  spoon for soup   of flour   for   to flour the pan for tart
  + 1 tablespoon flour to flour the pie pan

- 1 pincée de sel
  1 pinch of salt

- 1 cuillère à soupe d'huile d'olive (ou 15 g / 0,5 oz de beurre fondu et légèrement refroidi)
  spoons for soup of oil from olive (of butter melted and lightly cooled down)
  1 tablespoon olive oil (or 15 g/½ oz melted butter, slightly cooled)

  + 1 cuillère à soupe d'huile d'olive pour huiler le moule à tarte
  spoon   for soup of oil   from olive for to oil the pan for tart
  + 1 tablespoon olive oil to oil the pie pan

- 250 ml / 8,5 fl oz / 1 tasse de lait (ou lait végétal : amande ou riz, par exemple)
  cup of milk   (milk vegetable)
  250 ml/8½ fl. oz/1 cup milk (or nondairy milk: almond or rice, for instance)

- 1 cuillère à café d'extrait de vanille pur
  of extract from vanilla pure
  1 teaspoon pure vanilla extract
      ou le zeste râpé d'1 petit citron
      zest grated
      or the grated zest of 1 small lemon

---

[30] USE unbleached all-purpose flour or white whole wheat flour.

LES USTENSILES
The utensils

- 1 balance ou 1 tasse de mesure pour peser ou mesurer les abricots, le sucre, la farine et le lait
  scales or 1 measuring cup to weigh or measure the apricots, sugar, flour, and milk

- 1 moule à tarte de 24 cm / 9,5 pouces de diamètre et 5 cm / 2 pouces de profondeur en verre ou en porcelaine
  pan   for tart   of depth
  1 (24 cm/9½ inches in diameter, 5 cm/2 inches deep) pie pan, glass or porcelain

- de l'essuie-tout
  some wipe everything
  paper towels

- 1 cuillère à soupe
  spoon   for soup
  1 tablespoon

- 1 passoire
  1 colander

- 1 couteau
  1 knife

- 1 grand saladier
  1 large salad bowl

- 1 fouet à main
  whisk at hand
  1 handheld whisk

- 1 cuillère à café
  spoon   for coffee
  1 teaspoon

- 1 grande spatule
  1 large spatula

LES VERBES DE LA RECETTE À L'IMPÉRATIF
The   verbs   of the recipe   in the imperative

The command verbs of the recipe

- **PRÉCHAUFFE (PRÉCHAUFFER)**
Preheat (to preheat)

- **PRÉPARE (PRÉPARER)**
Prepare (to prepare)

- **HUILE (HUILER)**
Oil (to oil)

- **AJOUTE (AJOUTER)**
Add (to add)

- **SECOUE (SECOUER)**
Shake (to shake)

- **LAVE (LAVER)**
Wash/clean (to wash/to clean)

- **SÈCHE (SÉCHER)**
Dry (to dry)

- **COUPE (COUPER)**
Cut/slice (to cut/to slice)

- **DÉNOYAUTE (DÉNOYAUTER)**
Pit (to pit)

- **DÉPOSE (DÉPOSER)**
Lay/put down (to lay/to put down)

- **RÉSERVE (RÉSERVER)**
Set/put aside (to set/to put aside)

- **CASSE (CASSER)**
Crack open (to crack open)

- **BATS (BATTRE)**
Beat/whisk (to beat/to whisk)

- **MÉLANGE (MÉLANGER)**
Mix/stir (to mix/to stir)

- **VERSE (VERSER)**
Pour (to pour)

- **PARFUME (PARFUMER)**
Flavor (to flavor)

- **FAIS CUIRE (FAIRE CUIRE) à four chaud**
Make to bake (to make to bake) at oven hot
Bake (to bake) in a hot oven

- **LAISSE TIÉDIR (LAISSER TIÉDIR)**
Let to cool down (to let   to cool down)
Let cool (to let cool)

- **SERS (SERVIR)**
Serve (to serve)

LA RECETTE
The recipe

1. **PRÉCHAUFFE** le four à 180° C (350° F).
                   oven

2. **PRÉPARE** le moule à tarte :

   - **HUILE** le moule à tarte à l'aide de l'essuie-tout.
                                  with the help of

   - **AJOUTE** 1 cuillère à soupe de farine et **SECOUE bien** pour répartir la farine partout dans ton moule.
                                             well to spread   all over your pan.

   Comme ça, ton clafoutis n'attachera pas au moule !
   That way, your clafoutis won't stick to the pan!

3. **LAVE** les abricots dans une passoire et **SÈCHE**-les avec de l'essuie-tout.
                      in   a   and   them with

   - **COUPE** les abricots en 2 à l'aide d'un couteau et **DÉNOYAUTE**-les avec les doigts.
                     in half   your fingers

   Attention ! NE TE COUPE PAS les doigts !
   Careful! DON'T CUT your fingers!

   UTILISE toujours un couteau **avec précaution** !
   Always be careful when using a knife!

   DEMANDE de l'aide pour couper les abricots, si nécessaire.
   Ask for help to cut the apricots, if necessary.

   - **DÉPOSE** les abricots coupés en 2 au fond du moule huilé et fariné. **RÉSERVE.**
                     cut in half on the bottom of the oiled and floured pan.

RÉPARTIS les abricots régulièrement dans tout le moule, le côté creux en haut pour
Spread the apricots evenly over the entire pan, with the hollow side facing up in order to

retenir leur jus. Comme ça, le jus ne s'échappe pas dans la pâte pour la détremper.
retain their juice. That way, the juice does not spill out and soak into the batter.

                                        Une bonne ruse pour les chefs malins !
                                        A good trick for clever chefs!

4. **CASSE** 4 œufs dans un grand saladier.

   Attention ! NE LAISSE PAS TOMBER de coquille d'œuf dans les œufs !
   Careful! DON'T DROP any pieces of eggshell into your eggs!

   - **BATS** les 4 œufs avec un fouet à main.

   - **AJOUTE** le sucre de canne blond aux œufs battus et **MÉLANGE bien** avec le fouet à main.
                                                        beaten   **well**

5. **VERSE** la farine d'épeautre **petit à petit** et **MÉLANGE bien** la pâte avec le fouet à main
                                    gradually

   pour éviter les grumeaux. *Sinon, PASSE-la au chinois.*
   to avoid lumps.   *Otherwise, pour it through a sieve.*

6. **AJOUTE** 1 pincée de sel et 1 cuillère à soupe d'huile d'olive à la pâte. **MÉLANGE** encore.
                                                                to the batter   again

7. **VERSE** le lait **petit à petit** et **MÉLANGE bien** avec le fouet à main.

   La pâte doit être **liquide** et **lisse**.
   The batter should be runny and smooth.

8. **PARFUME** la pâte avec 1 cuillère à café d'extrait de vanille pur ou le zeste râpé d'1
                                                                                                 or

   petit citron, quand elle est **lisse** et **sans grumeaux**.
                    when it is

   - **VERSE** la pâte sur les abricots à l'aide d'une spatule.
                         on

   LÈCHE ta spatule, si ça te dit !
   Lick your spatula, if you feel like it!

9. **FAIS CUIRE** le clafoutis **à four chaud** à 180° C (350° F) pendant 30 à 40 minutes, ou
                                                         for   or

   jusqu'à ce qu'il soit doré et un peu gonflé. Ton clafoutis dégonflera à la sortie du four,
   until it is golden brown and a bit puffy. Your clafoutis will deflate when it comes out of the oven,

   mais c'est normal !
   but that's normal!

   - **LAISSE TIÉDIR** ton clafoutis à la sortie du four.

10. **SERS** ton clafoutis **tiède ou à température ambiante** dans son moule. *C'est délicieux.*
    cool or at room temperature in its pan.   *It is delicious.*

BON APPÉTIT !
Good appetite!
Enjoy your clafoutis!

LES IDÉES DU CHEF
The ideas of the chef
The chef's ideas

- **REMPLACE :**
  Replace:

- la ½ ou même la totalité de la farine d'épeautre par la même quantité de farine d'amande
  ½ or even all the spelt four with the same quantity of almond flour

  (ou ½ de farine de riz + ½ de fécule de maïs).
  (or ½ of rice flour + ½ of cornstarch).

  À propos, sais-tu que la farine d'amande, la farine de riz et la fécule de maïs sont
  By the way, do you know that almond flour, rice flour and cornstarch are

  sans gluten, contrairement à la farine de blé ou d'épeautre ? Super, si tu suis un régime sans gluten !
  gluten-free, unlike wheat or spelt flour? Super, if you follow a gluten-free diet!

- le lait par du lait concentré non sucré, de la crème liquide, ou même du yaourt grec, par exemple :
  the milk with unsweetened condensed milk,[31] heavy cream,[32] or even Greek yogurt,[33] for instance:

  ⅔ de lait + ⅓ de lait concentré non sucré, crème liquide ou yaourt grec ,
  ⅔ of milk + ⅓ of unsweetened condensed milk, heavy cream or Greek yogurt,

  ou ½ de lait + ½ de lait concentré non sucré, crème liquide ou yaourt grec.
  or ½ of milk + ½ of unsweetened condensed milk, heavy cream or Greek yogurt.

- **SUIS** la même recette, bien sûr !
  Follow the same recipe, of course!

- **AJOUTE** environ 40 g / 1,4 oz d'éclats d'amande ou de pistache au clafoutis.
  Add about 40 g/1½ oz slivered almonds or pistachios to the clafoutis.

- *CONCASSE grossièrement les amandes et pistaches décortiquées.*
  Roughly CRUSH the almonds or shelled pistachios.

- **SAUPOUDRE** les éclats d'amande ou de pistache sur les abricots avant de verser la pâte à l'étape n°8.
  Sprinkle the slivered almonds or pistachios on the apricots before pouring on the batter at step #8.

- **SUIS** la même recette, bien sûr !
  Follow the same recipe, of course!

  Comme ça, ton clafoutis aux abricots sera un peu croquant : c'est super bon !
  That way, your apricot clafoutis will be a bit crunchy: it is super good!

---

[31] USE evaporated milk if available.
[32] USE heavy cream or half and half (or nondairy products: soy or nut milk, for instance).
[33] USE low-fat Greek yogurt, if available.

D' OÙ VIENT LE CLAFOUTIS ?
From where comes the clafoutis?
Where does clafoutis come from?

Le clafoutis vient du Limousin, au centre-ouest de la France. La région du Limousin
Clafoutis comes from Limousin, in west central France. The Limousin region

fait partie de la Nouvelle Aquitaine, une grande région regroupant l'Aquitaine,
is part of Nouvelle Aquitaine, a big region comprising Aquitaine,

le Limousin et le Poitou-Charentes.
Limousin, and Poitou-Charentes.

SAIS-TU QUEL EST LE CLAFOUTIS TRADITIONNEL DU LIMOUSIN ?
Do you know which is the traditional clafoutis from Limousin?

Tu donnes ta langue au chat ?... RELIS l'intro !
You give your tongue to the cat?
Give up?... REREAD the intro!

C'est le clafoutis aux cerises. Traditionnellement, on ne dénoyaute pas les cerises, mais
It is cherry clafoutis. Traditionally, you don't pit the cherries, but

PRÉVIENS tes convives que les cerises n'ont pas été dénoyautées !
WARN your guests that the cherries have not been pitted!

SAIS-TU POURQUOI ON NE DÉNOYAUTE PAS LES CERISES DANS LE CLAFOUTIS TRADITIONNEL ?
Do you know why the cherries aren't pitted in traditional clafoutis?

Parce que les noyaux des cerises donnent à la pâte un délicieux goût d'amande. De plus,
Because the cherry pits give the batter a delicious almond taste. What's more,

le jus des cerises ne se répand pas dans la pâte pour la détremper.
the cherry juice does not spill into the batter and soak it.

Maintenant que tu es un (une) pro du clafoutis, ESSAIE donc
Now that you are a pro at clafoutis, go on, TRY

D'AUTRES CLAFOUTIS AUX FRUITS DE SAISON à la page 133. Ces autres clafoutis sont
Other Clafoutis with Seasonal Fruits on page 133. These other clafoutis are

aussi délicieux et parfumés avec une grande variété de fruits de saison, bien sûr !
also delicious and flavored with a great variety of seasonal fruits, of course!

GÂTEAU AU YAOURT
Cake   with yogurt
Yogurt Cake

Yogurt cake brings back memories of my childhood. It's an easy recipe because you don't have to be precise with your ingredients (you use the yogurt container for some of your measurements). Kids love it just as much as adults because it's delicious for dessert, an afternoon snack, and even breakfast.

Temps de préparation : 20 minutes   **Temps de cuisson** : environ 40 minutes   **Pour 6 à 8 personnes**
time   of preparation   baking   about   for 6 to 8 people
Preparation time   **Baking time**   **Serves 6 to 8**

94

Dessert
Dessert

Toute l'année
all   the year
All year round

LES INGRÉDIENTS
The ingredients

- 1 petit pot de yaourt grec (ou de yaourt nature, ou yaourt de soja, ou noix de coco)
  container of yogurt Greek (yogurt plain   from soy or coconut)
  1 small container Greek yogurt (or plain yogurt, or soy or coconut yogurt)

- 3 pots de farine d'épeautre (ou farine à pâtisserie)
  containers of flour from spelt (flour for pastry)
  3 (yogurt) containers spelt flour (or pastry flour)

  + 1 cuillère à soupe de farine pour fariner le moule à cake
  spoon for soup of flour for   to flour the pan for cake
  + 1 tablespoon flour to flour the pan

- ½ pot d'huile d'olive + 1 cuillère à soupe d'huile pour huiler le moule à cake
  container of oil from olive   of oil   for   to oil the pan for cake
  ½ (yogurt) container olive oil + 1 tablespoon oil to oil the pan

- 1 pot de sucre de canne blond
  container of sugar from cane blond
  1 (yogurt) container natural cane sugar

- 3 œufs
  3 eggs

- 2 cuillères à café de levure chimique (sans aluminium, si disponible)
  spoons for coffee of yeast chemical
  2 teaspoons baking powder (aluminum-free, if available)

- 2 cuillères à café d'extrait de vanille pur
  of extract from vanilla pure
  2 teaspoons pure vanilla extract
  ou le zeste râpé d'1 citron de taille moyenne
  zest grated   lemon of size   medium
  or the grated zest of 1 medium-sized lemon

95

LES USTENSILES
The utensils

- le pot de yaourt vide pour mesurer le sucre, la farine et l'huile
  the empty yogurt container[34] to measure the sugar, flour, and oil

- 1 moule à cake de 24 cm / 9,5 pouces par 12,5 cm / 5 pouces
  pan   for cake
  1 (24 cm/9½ inches by 12½ cm/5 inches) loaf pan

- de l'essuie-tout
  some wipe everything
  paper towels

- 1 cuillère à soupe
  spoon   for soup
  1 tablespoon

- 1 grand saladier
  1 large salad bowl

- 1 fourchette
  1 fork

- 1 cuillère à café
  spoon   for coffee
  1 teaspoon

- 1 spatule
  1 spatula

- 1 joli plat pour servir ton gâteau
  1 nice plate to serve your cake

- 1 couteau pour vérifier que ton gâteau est cuit
  1 knife to check that your cake is cooked

---

[34] DON'T TOSS your yogurt container in the recycling bin! RINSE it and DRY it and use it to measure your ingredients.

LES VERBES DE LA RECETTE À L'IMPÉRATIF
The   verbs   of the recipe   in the imperative

The command verbs of the recipe

- **PRÉCHAUFFE (PRÉCHAUFFER)**
  Preheat (to preheat)

- **PRÉPARE (PRÉPARER)**
  Prepare (to prepare)

- **HUILE (HUILER)**
  Oil (to oil)

- **AJOUTE (AJOUTER)**
  Add (to add)

- **SECOUE (SECOUER)**
  Shake (to shake)

- **VERSE (VERSER)**
  Pour (to pour)

- **MÉLANGE (MÉLANGER)**
  Mix/stir with (to mix/to stir with)

- **CASSE (CASSER)**
  Crack open (to crack open)

- **TRAVAILLE (TRAVAILLER)**
  Work/stir (the batter) (to work/to stir [the batter])

- **PARFUME (PARFUMER)**
  Flavor (to flavor)

- **FAIS CUIRE (FAIRE CUIRE) à four chaud**
  Make to bake (to make to bake) at oven hot
  Bake (to bake) in a hot oven

- **LAISSE REFROIDIR (LAISSER REFROIDIR)**
  Let   to cool (down) (to let to cool [down])
  Let cool (down) (to let cool [down])

- **DÉMOULE (DÉMOULER)**
  Remove from the pie pan (to remove from the pie pan)

- **DÉPOSE (DÉPOSER)**
  Lay/put down (to lay/to put down)

- **SERS (SERVIR)**
  Serve (to serve)

LA RECETTE
The recipe

1. **PRÉCHAUFFE** le four à 180° C (350° F).
                  oven

2. **PRÉPARE** le moule à cake :

   - **HUILE** le moule à cake à l'aide de l'essuie-tout.
                            with the help of

   - **AJOUTE** 1 cuillère à soupe de farine et **SECOUE bien** pour répartir la farine partout dans ton moule.
                                               well to spread   all over your pan.

   Comme ça, ton gâteau n'attachera pas au moule !
   That way, your cake won't stick to the pan![35]

3. **VERSE** le yaourt grec dans le grand saladier.
                            into

   - **AJOUTE** 1 pot de sucre de canne blond au yaourt.
                                        to the yogurt.

   - **MÉLANGE** avec une fourchette.
                     with

4. **CASSE** 3 œufs dans le grand saladier.

   Attention ! NE LAISSE PAS TOMBER de coquille d'œuf dans tes œufs !
   Careful! DON'T DROP any pieces of egg shell into your eggs!

   - **MÉLANGE** encore avec la fourchette. La pâte **doit être lisse et sans grumeaux.**
                   again   The batter **should be smooth and lump-free.**

5. **AJOUTE** 1 pot de farine d'épeautre et **TRAVAILLE** bien la pâte.
                                                        well

   - **AJOUTE** de la même manière le deuxième, puis le troisième pot de farine.
                   the same way with the second and then the third

   La pâte va devenir de plus en plus épaisse.
   The batter is going to become thicker and thicker.

6. **AJOUTE** 2 cuillères à café de levure chimique, puis un ½ pot d'huile d'olive.
                                                             then

   - **MÉLANGE bien** à chaque fois.
                    well each time.

7. **PARFUME** la pâte avec 2 cuillères à café d'extrait de vanille pur, quand elle est **lisse** et **sans grumeaux.**
                                                                       when it is

8. **VERSE** la pâte dans le moule huilé et fariné à l'aide d'une spatule.
                         in the oiled and floured pan

---

[35] Instead of oiling your loaf pan, you can line it with parchment paper, if you prefer.

LÈCHE ta spatule, si ça te dit !
Lick your spatula, if you feel like it!

- **FAIS CUIRE** le gâteau **à four chaud** à 180° C (350° F) pendant environ 40 minutes, ou
                                               for about   or

jusqu'à ce qu'il soit doré et gonflé.
until it is golden brown and puffy.

9. **LAISSE REFROIDIR** ton gâteau à la sortie du four.
                               once out of the oven.

- **DÉMOULE**-le quand il a refroidi. *Si ton gâteau est chaud, il peut se briser !*
                it when it has cooled down. *If your cake is hot, it might break!*

- **DÉPOSE** ton gâteau sur un joli plat.
               on

10. **SERS** ton gâteau à température ambiante.
               at room temperature.

- PARSÈME quelques gouttes de sirop d'érable autour du gâteau, si tu aimes ça.
- Sprinkle a few drops of maple syrup around your cake, if you like that.

                           BON APPÉTIT !
                           Good appetite!
                          Enjoy your cake!

LES CONSEILS PRATIQUES DU CHEF
The advice/tips practical   of the chef
The chef's practical tips

Pour vérifier que ton gâteau est cuit,
To check that your cake is cooked,

ENFONCE doucement la lame d'un couteau **propre** dans ton gâteau.
carefully insert a clean knife into your cake.

Si la lame ressort **sèche et propre**, ton gâteau **est cuit**.
If the blade comes out **dry and clean**, your cake **is cooked**.

LES IDÉES DU CHEF
The ideas   of the chef
The chef's ideas

- **REMPLACE :**
  Replace:

  - la ½, les ⅔ ou même la totalité de la farine d'épeautre par la même quantité de
    ½, ⅔, or even all the spelt flour with the same quantity of

    farine d'amande (ou ½ de farine de riz + ½ de fécule de maïs).
    almond flour (or ½ of rice flour + ½ of cornstarch[36]).

    À propos, sais-tu que la farine d'amande, la farine de riz et la fécule de maïs sont toutes sans gluten,
    By the way, do you know almond flour, rice flour, and cornstarch are all gluten-free,

    contrairement à la farine de blé ou d'épeautre ? Super, si tu suis un régime sans gluten !
    unlike wheat and spelt flour? Super, if you follow a gluten-free diet!

- **SUIS** la même recette, bien sûr !
  Follow the same recipe, of course!

- **DÉCORE** ton gâteau refroidi avec **le glaçage** de ton choix.
  Decorate your cooled cake with **the icing** of your choice.

GLAÇAGE AU CITRON
Lemon icing

  - **MÉLANGE** dans un bol 100 g / 3,5 oz de sucre glace avec 2 cuillères à soupe d'eau chaude.
    Mix in a bowl 100 g/3½ oz confectioner's sugar with 2 tablespoons hot water.

  - **AJOUTE** le jus d'½ citron de taille moyenne. Si ton mélange est trop liquide,
    Add the juice of ½ medium-sized lemon. If your mixture is too thin,

---

[36] If you use rice flour + cornstarch, you could add 113g/4oz/½ cup sugar-free apple sauce for a nice moist cake.

D'OÙ VIENT LE GÂTEAU AU YAOURT ?
From where comes the cake with yogurt?
Where does yogurt cake come from?

Tu donnes ta langue au chat ?
You give your tongue to the cat?
Give up?

Sais-tu que le gâteau au yaourt ne vient pas de France, mais d'Albanie ?
Do you know that yogurt cake does not come from France but from Albania?

L'Albanie est un petit pays situé dans la péninsule des Balkans, en Europe du Sud-Est.
Albania is a small country located in the Balkan peninsula, in southeastern Europe.

Elle est entourée du Montenegro au nord, de la Macédoine à l'est et de la Grèce au sud.
It is surrounded by Montenegro to the north, Macedonia to the east, and Greece to the south.

Cependant, le gâteau au yaourt est beaucoup apprécié en France, parce qu'il est très facile à faire
Nevertheless, yogurt cake is very popular in France, because it is very easy to make

et surtout il est trop bon ! En Albanie, tu dégustes le gâteau au yaourt avec des pistaches hachées,
and above all it is so good! In Albania, you eat yogurt cake with chopped pistachios,

mais il est aussi très bon nature ou aux fruits.
but it is also very good plain or with fruit.

ESSAIE donc le **GÂTEAU AU YAOURT ET AUX FRUITS DE SAISON** à la page 137. Ce gâteau au yaourt
Go on, TRY the **Yogurt Cake with Seasonal Fruits** on page 137. This yogurt cake

est aussi délicieux et parfumé avec des fruits de saison, bien sûr !
is also delicious and flavored with seasonal fruits, of course!

GALETTE* DES ROIS À LA CRÈME D'AMANDES
round pie   of the kings   cream   of almonds
Kings' Galette* with Almond Cream

*GALETTE ? QU'EST-CE QUE C'EST ?
*Galette? What is it?

C'est un gâteau rond et plat. Tu peux le faire nature ou le fourrer avec une crème, comme dans cette recette.
It is a round, flat cake. You can make it plain or fill it with cream, as in this recipe.

Temps de préparation : 30 minutes   Temps de cuisson : environ 30 minutes   Pour 4 à 6 personnes
time   of preparation   cooking   about   for 4 to 6 people
Preparation time   **Cooking time**   **Serves 4 to 6**

QU'EST-CE QUE C'EST « TIRER LES ROIS » ?
What is this that it is   "to draw the kings"?
What is "drawing the kings"?

C'est tomber sur la fève dans ta part de galette et devenir ainsi le roi
It's coming across the lucky charm in your piece of galette and thus becoming the king

(ou la reine), puis choisir ta reine (ou ton roi).
(or queen), then choosing[42] your queen (or king).

Finalement, le roi et la reine sont couronnés de couronnes de papier.
Finally, the king and the queen are crowned with paper crowns.

Voilà on a tiré les rois et maintenant c'est la fête !
Voilà, we have drawn the kings and now it's party time!

---

[42] The king (or the queen) chooses a queen (or king) by dropping the lucky charm in their glass. Then, they crown their queen (or king).

LES IDÉES DU CHEF SUITE
The ideas of the chef continuation
The chef's ideas continued

   AJOUTE du sucre glace. S'il est trop épais, **AJOUTE** un peu d'eau chaude.
   add some confectioner's sugar. If it is too thick, **add** some hot water.

- **ÉTALE** le glaçage sur le gâteau refroidi à l'aide d'une spatule.
  Spread the icing over the cooled cake, using a spatula.

- **LAISSE PRENDRE** le glaçage avant de servir ton gâteau.
  Let the icing **set** before serving your cake.

GLAÇAGE AU CHOCOLAT NOIR
Dark chocolate icing

- **UTILISE** 100 g / 3,5 oz de chocolat noir + 3 cuillères à soupe de lait
  Use 100 g/3½ oz dark chocolate[37] + 3 tablespoons milk

  + 30 g / 1 oz de beurre mou.
  + 30 g/1 oz soft butter.

  SUIS la recette de la **MOUSSE SOYEUSE AU CHOCOLAT** à la page 66 jusqu'à l'étape **n°4,**
  Follow the **Silky Chocolate Mousse** recipe on page 66 to step **#4,**

  puis **ÉTALE** le glaçage sur le gâteau refroidi à l'aide d'une spatule.
  then **spread** the icing over the cooled cake, using a spatula.

  LÈCHE ta spatule, si ça te dit !
  Lick your spatula, if you feel like it!

- **LAISSE PRENDRE** le glaçage avant de servir ton gâteau.
  Let the icing **set** before serving your cake.

---

[37] USE dark or semisweet baking chocolate.

LES IDÉES DU CHEF SUITE
The ideas of the chef continuation
The chef's ideas continued

GLAÇAGE À LA MOUSSE SOYEUSE AU CHOCOLAT
Icing with silky chocolate mousse

- **UTILISE** 100 g / 3,5 oz de chocolat noir + 113 g / 4 oz de tofu soyeux + 3 cuillères à soupe de lait.
  Use 100 g/3½ oz dark chocolate + 113 g/4 oz silken tofu + 3 tablespoons milk.

  SUIS la recette de la **MOUSSE SOYEUSE AU CHOCOLAT** à la page 66 jusqu'à l'étape **n°7,**
  Follow the **Silky Chocolate Mousse** recipe on page 66 to step **#7,**

  puis **ÉTALE** le glaçage sur le gâteau refroidi à l'aide d'une spatule.
  then **spread** the icing over the cooled cake, using a spatula.

  LÈCHE ta spatule, si ça te dit !
  Lick your spatula, if you feel like it!

- **LAISSE PRENDRE** le glaçage avant de servir ton gâteau.
  Let the icing **set** before serving your cake.

  MIAM-MIAM, c'est trop bon !
  Yum yum, so good!

  ET TOI, QUEL EST TON GLAÇAGE PRÉFÉRÉ ?
  And you, what is your favorite icing?

D'OÙ VIENT LE GÂTEAU AU YAOURT ?
From where comes the cake with yogurt?
Where does yogurt cake come from?

Tu donnes ta langue au chat ?
You give your tongue to the cat?
Give up?

Sais-tu que le gâteau au yaourt ne vient pas de France, mais d'Albanie ?
Do you know that yogurt cake does not come from France but from Albania?

L'Albanie est un petit pays situé dans la péninsule des Balkans, en Europe du Sud-Est.
Albania is a small country located in the Balkan peninsula, in southeastern Europe.

Elle est entourée du Montenegro au nord, de la Macédoine à l'est et de la Grèce au sud.
It is surrounded by Montenegro to the north, Macedonia to the east, and Greece to the south.

Cependant, le gâteau au yaourt est beaucoup apprécié en France, parce qu'il est très facile à faire
Nevertheless, yogurt cake is very popular in France, because it is very easy to make

et surtout il est trop bon ! En Albanie, tu dégustes le gâteau au yaourt avec des pistaches hachées,
and above all it is so good! In Albania, you eat yogurt cake with chopped pistachios,

mais il est aussi très bon nature ou aux fruits.
but it is also very good plain or with fruit.

ESSAIE donc le **GÂTEAU AU YAOURT ET AUX FRUITS DE SAISON** à la page 137. Ce gâteau au yaourt
Go on, TRY the **Yogurt Cake with Seasonal Fruits** on page 137. This yogurt cake

est aussi délicieux et parfumé avec des fruits de saison, bien sûr !
is also delicious and flavored with seasonal fruits, of course!

GALETTE* DES ROIS À LA CRÈME D'AMANDES
round pie   of the kings   cream   of almonds
Kings' Galette* with Almond Cream

*GALETTE ? QU'EST-CE QUE C'EST ?
***Galette?** What is it?

C'est un gâteau rond et plat. Tu peux le faire nature ou le fourrer avec une crème, comme dans cette recette.
It is a round, flat cake. You can make it plain or fill it with cream, as in this recipe.

Temps de préparation : 30 minutes   Temps de cuisson : environ 30 minutes   Pour 4 à 6 personnes
time   of preparation   cooking   about   for 4 to 6 people
Preparation time   **Cooking time**   **Serves 4 to 6**

Dessert
Dessert

En hiver, après les fêtes de Noël et du Jour de l'an
In winter, after the Christmas and New Year celebrations

LES INGRÉDIENTS
The ingredients

- 30 g / 1 oz de beurre bien mou (ou environ 2 cuillères à soupe d'huile d'olive)
  of butter well soft (or spoons for soup of oil of olive)
  30 g/1 oz very soft butter (or about 2 tablespoons olive oil)

- 65 g / 2,3 oz / environ ⅓ de tasse de sucre de canne blond
  cup of sugar from cane blond
  65 g/2⅓ oz/about ⅓ cup natural cane sugar

- 80 g / 3 oz / environ 1 tasse de farine d'amande
  cup flour from almond
  80 g/3 oz/about 1 cup almond flour[38]

- 1 œuf + 1 jaune d'œuf
  yellow of egg
  1 egg + 1 egg yolk

- 1 à 2 cuillères à café d'extrait d'amande pur
  of extract from almond pure
  1 to 2 teaspoons pure almond extract
  ou le zeste râpé d'1 petit citron
  zest grated
  or the grated zest of 1 small lemon

- 2 plaques de pâte feuilletée surgelée et décongelée dans le réfrigérateur (794 g / 28 oz)
  plates of pastry leafed
  2 sheets of frozen puff pastry, thawed in the refrigerator (794 g/28 oz [39])

NOTE : UTILISE la pâte feuilletée Dufour Pastry Kitchens, si tu peux : c'est super bon !
Note: Use Dufour Pastry Kitchens puff pastry, if you can: it is super good!

ET N'OUBLIE PAS...
And don't forget...

- 1 fève, 1 haricot blanc ou 1 amande entière à cacher dans ta galette pour tirer les rois !
  broad bean white, almond whole to hide for to draw
  1 lucky charm, 1 white bean, or 1 whole almond to hide in your galette "to draw the kings"!

---

[38] To make your own almond flour: Grind about 1 cup blanched almonds in a food processor fitted with the steel blade. Within about 20 seconds the almonds turn into almond flour. Be careful not to grind them too much, otherwise the flour becomes doughy! (Grind ½ cup at a time, for instance.)

[39] The size of your puff pastry sheets will affect the diameter of your galette, so adjust the quantity of the ingredients in your almond cream (butter, sugar, almond powder, eggs), if necessary.

LES USTENSILES
The utensils

- 1 balance ou 1 tasse de mesure pour peser ou mesurer le beurre, le sucre et la farine d'amande
  scales or 1 measuring cup to weigh or measure the butter, sugar, and almond flour

- 1 saladier
  1 salad bowl

- 1 fourchette
  1 fork

- 1 cuillère à café
     spoon   for coffee
  1 teaspoon

- 1 plaque de cuisson
     plate for/of baking
  1 baking sheet

- du papier cuisson pour recouvrir la plaque de cuisson
  some paper baking for to cover
  baking paper to cover the baking sheet

- 1 assiette ou 1 couvercle de fait-tout de 23 cm / 9 pouces de diamètre comme modèle
              lid of makes everything of   model
  1 plate or 1 (cooking) pot lid about 23 cm/9 inches in diameter as a template

    pour découper 1 cercle dans chaque plaque de pâte feuilletée
    for   to cut out
    to cut out 1 circle in each puff pastry sheet

- 1 couteau pour découper les 2 cercles et dessiner des motifs sur la galette
  1 knife to cut out the 2 circles and draw patterns on the galette

- 1 spatule (ou 1 cuillère à soupe)
  1 spatula (or 1 tablespoon)

- 1 pinceau de cuisine pour badigeonner les bords et le dessus de la galette
              for kitchen
  1 kitchen brush to brush the edges and the top of the galette

- 1 cuillère à soupe
     spoon for soup
  1 tablespoon

- 1 bol
  1 bowl

- 1 joli plat pour servir ta galette des rois
  1 nice dish to serve your kings' galette

ET N'OUBLIE PAS…

- 2 couronnes en papier pour le roi et la reine !
  in paper
  2 paper crowns for the king and the queen!

LES VERBES DE LA RECETTE À L'IMPÉRATIF

The verbs of the recipe in the imperative

The command verbs of the recipe

- **PRÉCHAUFFE (PRÉCHAUFFER)**
  Preheat (to preheat)

- **BATS (BATTRE)**
  Beat/whisk (to beat/to whisk)

- **INCORPORE (INCORPORER)**
  Stir in/fold in (to stir in/to fold in)

- **MÉLANGE (MÉLANGER)**
  Mix/stir with (to mix/to stir with)

- **AJOUTE (AJOUTER)**
  Add (to add)

- **PARFUME (PARFUMER)**
  Flavor (to flavor)

- **RÉSERVE (RÉSERVER)**
  Set/put aside (to set/to put aside)

- **RECOUVRE (RECOUVRIR)**
  Cover/coat with (to cover/to coat with)

- **DÉPLIE (DÉPLIER)**
  Unfold (to unfold)

- **ÉTALE (ÉTALER)**
  Roll out/spread (to roll out/to spread)

- **POSE (POSER)**
  Place/put (to place/to put)

- **DÉCOUPE (DÉCOUPER)**
  Cut out (to cut out)

- **TRANSFÈRE (TRANSFÉRER)**
  Transfer/move (to transfer/to move)

- **PROCÈDE (PROCÉDER)**
  Proceed (to proceed)

- **VERSE (VERSER)**
  Pour (to pour)

- **DÉPOSE (DÉPOSER)**
  Place/put down (to place/to put down)

- **BADIGEONNE (BADIGEONNER)**
  Brush/paint (to brush/to paint)

- **COUVRE (COUVRIR)**
  Cover (to cover)

- **SOUDE (SOUDER)**
  Seal/bind together (to seal/to bind together)

- **DORE (DORER)**
  Glaze (to glaze)

- **TRACE (TRACER)**
  Draw (to draw)

- **PIQUE (PIQUER)**
  Stick (to stick)

- **FAIS CUIRE (FAIRE CUIRE) à four chaud**
  Make to bake (to make to bake) at oven hot
  Bake (to bake) in a hot oven

- **LAISSE TIÉDIR (LAISSER TIÉDIR)**
  Let   to cool down (to let to cool down)
  Let cool (to let cool)

- **SERS (SERVIR)**
  Serve (to serve)

LA RECETTE
The recipe

1. **PRÉCHAUFFE** le four à 180° C (350° F).
                     oven

2. **BATS** le beurre bien mou avec une fourchette dans un saladier, jusqu'à ce qu'il soit crémeux.
                                with   in   until it is creamy.

   - **INCORPORE** le sucre de canne blond, puis la farine d'amande. **MÉLANGE bien.**
                                      then   **well.**

   - **AJOUTE** l'œuf entier et **MÉLANGE bien.**
                 the whole egg and

3. **PARFUME** la crème d'amandes avec 1 à 2 cuillères à café d'extrait d'amande pur. **RÉSERVE.**
               the almond cream

   NE T'INQUIÈTE PAS si ta crème d'amandes n'est pas complètement lisse : c'est normal !
   Don't worry if your almond cream is not completely smooth: it's normal!

4. **RECOUVRE** la plaque de cuisson avec du papier cuisson. **RÉSERVE.**

5. **DÉPLIE** 1 plaque de pâte feuilletée décongelée sur une surface légèrement farinée, puis
                                                       onto a lightly floured surface,

   ÉTALE-la bien avec les mains propres.
               it well with clean hands.

   UTILISE un rouleau à pâtisserie légèrement fariné pour bien étaler ta pâte, si nécessaire.
   Use a lightly floured rolling pin to roll your dough, if necessary.

   - **POSE** une assiette sur la plaque de pâte feuilletée, puis **DÉCOUPE** un premier cercle
             on   a first circle

   à l'aide d'un couteau, en suivant le pourtour de l'assiette.
   with the help of   following the circumference of the plate.

   - **TRANSFÈRE** le premier cercle de pâte feuilletée sur la plaque de cuisson recouverte de papier cuisson.
                                                                                                                      covered with

   - **PROCÈDE** de la même façon pour découper le second cercle dans l'autre plaque de pâte
                       the same way to cut out the second circle in the other

   feuilletée décongelée, dépliée et bien étalée. **RÉSERVE.**
                       unfolded and well rolled out.

   Attention ! NE TE COUPE PAS les doigts !
   Careful! DON'T CUT your fingers!

   UTILISE toujours un couteau **avec précaution !**
   Always be careful when using a knife!

   DEMANDE de l'aide pour découper tes 2 cercles, si nécessaire.
   Ask for help to cut out your 2 circles, if necessary.

NOTE : NE JETTE PAS le reste de la pâte feuilletée, mais GARDE-le au réfrigérateur.
Note: DON'T THROW OUT the leftover puff pastry, but KEEP it in the refrigerator.

Tu pourras l'utiliser pour faire des biscuits salés ou sucrés, des petits gâteaux, ou même
You will be able to use it to make savory or sweet cookies, small cakes, or even

pour faire une tarte aux pommes. Super !
to make an apple tart. Super!

6. **VERSE** la crème d'amandes au centre du premier cercle de pâte feuilletée, puis **ÉTALE**-la
                in the middle of   it

   uniformément à l'aide d'une spatule, **en laissant environ 2,5 cm / 1 pouce sur les bords.**
   evenly   **leaving about 2.5 cm/1 inch around the edges.**

   - **DÉPOSE** la fève dans ta crème d'amandes.

   DÉPOSE la fève à côté du bord pour éviter de tomber dessus en coupant ta galette !
   near the edge to avoid encountering it while cutting your galette!

7. **BADIGEONNE bien** les bords de la pâte à découvert avec un pinceau de cuisine trempé
            uncovered edges of the dough   dipped

   dans un peu d'eau, puis **COUVRE bien** avec le deuxième cercle de pâte feuilletée.
   in a little water,   with the second circle

   - **SOUDE bien les bords de tes 2 cercles** en appuyant et en les roulant sur tout le pourtour,
          well the edges of your 2 circles by pressing and rolling them on the outside edge,

   avec les doigts propres. *Comme ça, la crème ne débordera pas.*
   with clean fingers. *That way, the cream will not spill out.*

   DEMANDE de l'aide pour souder tes 2 cercles, si nécessaire.
   Ask for help to seal your 2 circles, if necessary.

   NOTE : Tu peux festonner les bords de ta galette pour une jolie décoration, si ça te dit.
   Note: You can flute[40] the edges of your galette for a nice decoration, if you feel like it.

8. **BATS** le jaune d'œuf à la fourchette avec une cuillère à soupe d'eau, dans un bol.

   - **DORE** la galette au jaune d'œuf battu avec le pinceau.
           with the beaten egg yolk

9. **TRACE** des motifs réguliers (des croisillons, par exemple) sur le dessus de ta galette avec
        regular patterns (lattice pattern, for instance) on top of your galette with

   le côté non tranchant du couteau, **sans fendre la pâte feuilletée.**
   the dull side of the knife, **without going all the way through the puff pastry.**

   C'est toi l'artiste !
   You are the artist!

   - **PIQUE** le dessus de ta galette de quelques trous avec les dents de ta fourchette.
               a few holes with the tines of your fork.

---

[40] To flute the pastry, lift up and lightly pinch the edges of the galette at regular intervals with your fingers, all the way around. The edges will all be wavy: very cool!

NOTE : NE JETTE PAS le reste de la pâte feuilletée, mais GARDE-le au réfrigérateur.
Note: DON'T THROW OUT the leftover puff pastry, but KEEP it in the refrigerator.

Tu pourras l'utiliser pour faire des biscuits salés ou sucrés, des petits gâteaux, ou même
You will be able to use it to make savory or sweet cookies, small cakes, or even

pour faire une tarte aux pommes. Super !
to make an apple tart. Super!

6. **VERSE** la crème d'amandes au centre du premier cercle de pâte feuilletée, puis **ÉTALE**-la
                                           in the middle of   it

   uniformément à l'aide d'une spatule, **en laissant environ 2,5 cm / 1 pouce sur les bords.**
   evenly   **leaving about 2.5 cm/1 inch around the edges.**

- **DÉPOSE** la fève dans ta crème d'amandes.

   DÉPOSE la fève à côté du bord pour éviter de tomber dessus en coupant ta galette !
   near the edge to avoid encountering it while cutting your galette!

7. **BADIGEONNE bien** les bords de la pâte à découvert avec un pinceau de cuisine trempé
                               uncovered edges of the dough   dipped

   dans un peu d'eau, puis **COUVRE bien** avec le deuxième cercle de pâte feuilletée.
   in a little water,   with the second circle

- **SOUDE bien les bords de tes 2 cercles** en appuyant et en les roulant sur tout le pourtour,
         well the edges of your 2 circles by pressing and rolling them on the outside edge,

   avec les doigts propres. *Comme ça, la crème ne débordera pas.*
   with clean fingers. *That way, the cream will not spill out.*

   DEMANDE de l'aide pour souder tes 2 cercles, si nécessaire.
   Ask for help to seal your 2 circles, if necessary.

   NOTE : Tu peux festonner les bords de ta galette pour une jolie décoration, si ça te dit.
   Note: You can flute[40] the edges of your galette for a nice decoration, if you feel like it.

8. **BATS** le jaune d'œuf à la fourchette avec une cuillère à soupe d'eau, dans un bol.

  - **DORE** la galette au jaune d'œuf battu avec le pinceau.
                  with the beaten egg yolk

9. **TRACE** des motifs réguliers (des croisillons, par exemple) sur le dessus de ta galette avec
             regular patterns (lattice pattern, for instance) on top of your galette with

   le côté non tranchant du couteau, **sans fendre la pâte feuilletée.**
   the dull side of the knife, **without going all the way through the puff pastry.**

   C'est toi l'artiste !
   You are the artist!

  - **PIQUE** le dessus de ta galette de quelques trous avec les dents de ta fourchette.
                                 a few holes with the tines of your fork.

---

[40] To flute the pastry, lift up and lightly pinch the edges of the galette at regular intervals with your fingers, all the way around. The edges will all be wavy: very cool!

Pour permettre à la vapeur de s'échapper pendant la cuisson de la galette.
To allow the steam to escape while the galette is cooking.

10. **FAIS CUIRE** la galette **à four chaud** à 180° C (350° F) pendant environ 30 minutes, ou
    for about or

    jusqu'à ce qu'elle soit bien dorée et qu'elle se détache facilement du papier cuisson.
    until it is nice and golden brown and lifts easily off the baking paper.

    Si ta galette dore trop vite, **COUVRE**-la avec du papier aluminium et **BAISSE**
    If your galette is browning too quickly, **cover** it with aluminum foil and **turn down**

    la température du four à 150° C (300° F).
    the oven temperature to 150°C (300°F).

    - **LAISSE TIÉDIR** ta galette à la sortie du four.
      once out of the oven.

11. **SERS** ta galette des rois **tiède** sur un joli plat. C'est délicieux !
    warm It's delicious!

    Avant de déguster la galette des rois, ça te branche de suivre la tradition française ?
    Before tasting the kings' galette, are you into following the French tradition?

    « **C'EST POUR QUI ?** » Celui qui est le plus jeune dans ta famille se glisse sous la table pour
    "For whom is it?" The one who is the youngest in your family slips under the table to

    distribuer les parts de galette.
    assign[41] the galette pieces.

    Si tu n'as plus l'âge d'aller sous la table, alors FERME les yeux !
    If you are too old to go under the table, then close your eyes!

    Une fois la distribution terminée, tout le monde peut déguster sa part de galette et peut-être
    Once the distribution is finished, everybody can taste their piece of galette and maybe

    tomber sur la fève !
    come across the lucky charm!

BON APPÉTIT !
Good appetite!
Enjoy your kings' galette!

ALLEZ, ON TIRE LES ROIS MAINTENANT !
Come on, let's draw the kings now!

---

[41] The youngest assigns the pieces by calling out names and another person hands out the piece of galette.

LES CONSEILS PRATIQUES DU CHEF
The advice/tips practical   of the chef
The chef's practical tips

- **AJOUTE** environ 1 cuillère à soupe de farine si la crème d'amandes est trop liquide.
  Add about 1 tablespoon of flour if the almond cream is too liquid.

  Sinon, elle risque de déborder !
  Otherwise, it might spill out!

- **VEILLE** à ce que la pâte feuilletée reste bien fraîche lorsque tu la travailles : **SORS**-la
  Make sure that the puff pastry stays very cool when you work with it: **take** it **out**

  du réfrigérateur seulement lorsque ta crème d'amandes est prête.
  of the refrigerator only when your almond cream is ready.

  Si la pâte se réchauffe, elle est plus difficile à travailler, car elle devient molle et têtue !
  If the dough becomes warm, it is more difficult to work with it, because it becomes soft and stubborn!

- **METS** ta galette dans le réfrigérateur pendant 30 minutes ou plus, après l'étape **n°9** de la
  Put your galette in the refrigerator for 30 minutes, or more, after step **#9** of the

  recette, avant de la faire cuire, si tu peux attendre. Comme ça, ta galette gonflera bien
  recipe, if you can wait. That way, your galette will puff up nicely

  et se développera de manière plus uniforme.
  and will expand in a more uniform way.

LES IDÉES DU CHEF
The ideas   of the chef
The chef's ideas

- **REMPLACE :**
  Replace:

- le beurre (ou l'huile d'olive) par la même quantité de purée / beurre d'amande
  the butter (or the olive oil) with the same quantity of almond purée/butter

- la ½ ou même la totalité de la farine d'amande par la même quantité de farine de pistache
  ½, or even all, the almond flour with the same quantity of pistachio

  ou de noisette.
  or hazelnut flour.

- **SUIS** la même recette, bien sûr !
  Follow the same recipe, of course!

- **AJOUTE** 1 pomme ou 1 poire mûre de taille moyenne, épluchée, épépinée et
  Add 1 ripe, medium-sized apple or 1 ripe, medium-sized pear, peeled, seeded, and

  coupée en fines lamelles à la garniture de ta galette.
  thinly sliced to the filling of your galette.

- **DÉPOSE** les fines lamelles de pomme ou de poire sur le dessus de la crème d'amandes
  Place the thin slices of apple or pear on top of the almond cream

  à l'étape **n°6** de la recette. Puis, **SUIS** la même recette, bien sûr !
  at step **#6** of the recipe. Then, **follow** the same recipe, of course!

QUAND MANGE-T-ON LA GALETTE DES ROIS EN FRANCE ?
When eats one the kings' galette in France?
When do people eat kings' galette in France?

En France, on mange la galette des rois le jour de l'Épiphanie, au début du mois de janvier.
In France, people eat kings' galette on Epiphany, at the beginning of January.

En fait, les Français aiment bien manger la galette des rois pendant tout le mois de janvier :
Actually, the French love eating kings' galette during the entire month of January:

c'est une tradition française incontournable !
it is a major French tradition!

AS-TU DÉJÀ MANGÉ UNE GALETTE DES ROIS AU MOIS DE JANVIER ?
Have you ever eaten a kings' galette in January?

C'est très amusant et alléchant de regarder les vitrines des boulangeries-pâtisseries
It's a very entertaining and mouth-watering experience to look at the windows of the bakeries

remplies de galettes des rois dorées, de toutes les tailles. Miam, miam !
filled with golden-brown kings' galettes, of all sizes. Yum yum!

SAIS-TU QUE LA RECETTE DE LA GALETTE DES ROIS VARIE À TRAVERS LA FRANCE ?
Do you know that the kings' galette recipe varies throughout France?

Dans le nord ou dans l'ouest de la France, on mange la galette des rois à base de pâte feuilletée
In the north or west of France, people eat the puff pastry kings' galette

nature ou fourrée à la frangipane, ou avec d'autres garnitures, comme des crèmes, des fruits, ou du chocolat.
plain or filled with frangipane, or other fillings, such as cream, fruit, or chocolate.

Dans le sud de la France, on mange plutôt une couronne des rois briochée décorée de
In the south of France, people eat a brioche-like king's crown decorated with

fruits confits et parfumée à la fleur d'oranger. Mais dans toutes les galettes ou couronnes,
candied fruits and flavored with orange flower water instead. But in all the galettes or crowns

on cache toujours une ou deux jolies figurines en porcelaine en guise de fèves. À propos,
one or two pretty porcelain figurines are always hidden as lucky charms. By the way,

sais-tu qu'il y a des personnes qui collectionnent les fèves ? On les appelle des favophiles.
do you know that some people collect the lucky charms? They are named *favophiles*.

Maintenant que tu connais tous les secrets de la galette des rois, ESSAIE donc
Now that you know all the secrets of the kings' *galette*, go on, TRY

D'AUTRES GALETTES DES ROIS à la page 139. Ces autres galettes sont aussi délicieuses
Other Kings' Galettes on page 139. These other galettes are also delicious

grâce à des garnitures variées faites avec des fruits de saison et même du chocolat !
thanks to various fillings made with seasonal fruits and even chocolate!

APPENDICE
Appendix

PLATS PRINCIPAUX : VARIATIONS
Main Dishes: Variations

D'AUTRES QUICHES SANS PÂTE AUX LÉGUMES DE SAISON
Of   other   quiches   without pie dough   vegetables   of   season
Other Crustless Quiches with Seasonal Vegetables

RÉALISE d'autres quiches sans pâte à l'aide de la recette de la **QUICHE SANS PÂTE**
Make other crustless quiches using the **Crustless Quiche**

AUX COURGES JAUNES, RICOTTA ET PARMESAN à la page 16.
with Yellow Squash, Ricotta, and Parmesan recipe on page 16.

CHANGE les légumes de la recette **selon ce qui est en saison dans ta région :**
Change the recipe's vegetables **according to what is in season in your region:**

les légumes de saison sont délicieux !
seasonal vegetables are delicious!

Toutes ces quiches sans pâte sont prévues pour 4 à 6 personnes.
All these crustless quiches serve 4 to 6 people.

QUICHE SANS PÂTE AUX TOMATES ET À LA RICOTTA
Crustless Quiche with Tomatoes and Ricotta

- **UTILISE 4 à 5 tomates mûres** de taille moyenne, lavées, séchées, coupées en tranches fines et égouttées.
  Use 4 to 5 medium-sized **ripe tomatoes,** washed, dried, thinly sliced, and drained.

- **DÉPOSE** les tomates dans le fond d'un moule huilé et fariné.
  Lay the tomatoes on the bottom of an oiled and floured pan.

- **RETOURNE** à l'étape n°5 de la **QUICHE SANS PÂTE AUX COURGES JAUNES, RICOTTA ET PARMESAN**
  Return to step **#5** of the **Crustless Quiche with Yellow Squash, Ricotta, and Parmesan**

  et **SUIS** la même recette, bien sûr !
  and **follow** the same recipe, of course!

- **REMPLACE** le thym frais par 1 poignée de feuilles de basilic frais et haché à l'étape **n°9.**
  Replace the fresh thyme with 1 handful of chopped fresh basil leaves at step **#9.**

  Le thym et le basilic se marient bien avec les tomates : ESSAIE l'un ou l'autre.
  Thyme and basil both go well with the tomatoes: TRY either one.

QUICHE SANS PÂTE AUX ÉPINARDS ET À LA RICOTTA
Crustless Quiche with Spinach and Ricotta

- **UTILISE 500 g / 18 oz d'épinards frais** équeutés, lavés, égouttés et déchirés en petits morceaux,
  Use 500 g/18 oz fresh spinach trimmed, washed, drained, and torn in small pieces,

  si les feuilles sont grandes.
  if the leaves are big.

- **FAIS CUIRE** les épinards à feu moyen-doux dans un fait-tout couvert, avec un peu
  Cook the spinach over medium-low heat in a covered pot, with a bit

  d'huile d'olive pendant 1 minute environ, ou jusqu'à ce qu'ils tombent et commencent à flétrir.
  of olive oil for about 1 minute, or until it collapses and begins to wilt.

- **SALE** et **POIVRE** (facultatif) légèrement les épinards.
  Salt and **pepper** (optional) lightly the spinach.

- **DÉPOSE les épinards bien égouttés** dans le fond d'un moule huilé et fariné.
  Lay the well-drained spinach on the bottom of an oiled and floured pan.

- **RETOURNE** à l'étape n°5 de la **QUICHE SANS PÂTE AUX COURGES JAUNES, RICOTTA ET PARMESAN**
  Return to step #5 of the **Crustless Quiche with Yellow Squash, Ricotta, and Parmesan**

  et **SUIS** la même recette, bien sûr !
  and **follow** the same recipe, of course!

- **REMPLACE** le thym frais par 1 cuillère à café de gingembre ou de cari en poudre à l'étape n°9, par exemple.
  Replace the fresh thyme with 1 teaspoon ground ginger or ground curry at step #9, for instance.

  D'AUTRES QUICHES SANS PÂTE ? *(Mais oui !)*
  Some more crustless quiches? *(Oh, yes!)*

QUICHE SANS PÂTE AUX CHAMPIGNONS
Crustless Quiche with Mushrooms

- **UTILISE 350 g / 12 oz de champignons** lavés, séchés et coupés en lamelles.
  Use 350 g/12 oz mushrooms, washed, dried, and sliced.

- **FAIS CUIRE** les champignons à feu moyen, dans une poêle, avec un peu d'huile d'olive,
  Cook the mushrooms over medium heat, in a frying pan, with a bit of olive oil,

  en les remuant régulièrement à l'aide d'une spatule pendant 5 à 10 minutes environ, ou
  tossing them regularly with a spatula for about 5 to 10 minutes, or

  jusqu'à ce qu'ils rendent leur jus et soient tendres.
  until they release their juice and become tender.

- **SALE** et **POIVRE** (facultatif) légèrement les champignons.
  Salt and **pepper** (optional) lightly the mushrooms.

- **DÉPOSE les champignons bien égouttés** dans le fond d'un moule huilé et fariné.
  Lay the well-drained mushrooms on the bottom of an oiled and floured pan.

- **RETOURNE** à l'étape **n°5** de la **QUICHE SANS PÂTE AUX COURGES JAUNES, RICOTTA ET PARMESAN**
  Return to step **#5** of the **Crustless Quiche with Yellow Squash, Ricotta, and Parmesan**

  et **SUIS** la même recette, bien sûr !
  and **follow** the same recipe, of course!

- **REMPLACE** le thym frais par 1 cuillère à café de noix de muscade ou de clou de girofle en poudre
  Replace the fresh thyme with 1 teaspoon ground nutmeg or ground cloves

  à l'étape **n°9,** par exemple.
  at step **#9** for instance.

QUICHE SANS PÂTE AUX POIREAUX
Crustless Quiche with Leeks

- **UTILISE 3 à 4 poireaux** de taille moyenne, lavés, séchés, coupés en 2 dans la longueur et émincés.
  Use 3 to 4 medium-sized **leeks**, washed, dried, cut in half lengthwise, and thinly sliced.

- **FAIS CUIRE** les poireaux à feu moyen, dans une poêle, avec un peu d'huile d'olive,
  Cook the leeks over medium heat, in a frying pan, with a bit of olive oil,

  en les remuant régulièrement à l'aide d'une spatule pendant 7 à 10 minutes environ, ou
  tossing them regularly with a spatula for about 7 to 10 minutes, or

  jusqu'à ce qu'ils soient fondants.
  until they are soft and tender.

- **SALE** et **POIVRE** (facultatif) légèrement les poireaux.
  Salt and **pepper** (optional) lightly the leeks.

- **DÉPOSE les poireaux bien égouttés** dans le fond d'un moule huilé et fariné.
  Lay the well-drained leeks on the bottom of an oiled and floured pan.

- **RETOURNE** à l'étape n°5 de la **QUICHE SANS PÂTE AUX COURGES JAUNES, RICOTTA ET PARMESAN**
  Return to step **#5** of the **Crustless Quiche with Yellow Squash, Ricotta, and Parmesan**

  et **SUIS** la même recette, bien sûr !
  and **follow** the same recipe, of course!

- **REMPLACE** le thym frais par 1 cuillère à café de gingembre ou de cari en poudre à l'étape **n°9,** par exemple.
  Replace the fresh thyme with 1 teaspoon ground ginger or ground curry powder at step **#9,** for instance.

QUICHE SANS PÂTE AUX BROCOLIS
Crustless Quiche with Broccoli

- **UTILISE 400 g / 14 oz / 1 belle tête de brocoli** lavé, séché et divisé en petits bouquets.
  Use 400 g/14 oz /1 nice head of broccoli washed, dried, and split into small florets.

- **FAIS CUIRE** le brocoli **À LA VAPEUR** pendant 5 à 7 minutes environ, ou jusqu'à ce qu'il
  Steam the broccoli for about 5 to 7 minutes, or until it

  soit tendre mais croquant.
  is tender but crunchy.

- **SUIS** les mêmes étapes que précédemment.
  Follow the same steps as before.

- **REMPLACE** le thym frais par 1 cuillère à café de gingembre ou de cumin en poudre
  Replace the fresh thyme with 1 teaspoon ground ginger or ground cumin

  à l'étape **n°9,** par exemple.
  at step **#9,** for instance.

QUICHE SANS PÂTE AUX CAROTTES
Crustless Quiche with Carrots

- **UTILISE 4 carottes** de taille moyenne, lavées, séchées, pelées et coupées en rondelles.
  Use 4 medium-sized **carrots**, washed, dried, peeled, and sliced in rounds.

- **FAIS CUIRE** les carottes **À LA VAPEUR** pendant 8 à 10 minutes environ,
  Steam the carrots for about 8 to 10 minutes,

  ou jusqu'à ce qu'elles soient tendres mais croquantes.
  or until they are tender but crunchy.

- **SUIS** les mêmes étapes que précédemment.
  Follow the same steps as before.

- **REMPLACE** le thym frais par 1 cuillère à café de cumin ou de gingembre en poudre
  Replace the fresh thyme with 1 teaspoon ground cumin or ground ginger

  à l'étape **n°9,** par exemple.
  at step **#9,** for instance.

Tu peux bien sûr combiner différentes sortes de légumes pour varier les plaisirs.
You can, of course, combine different types of vegetables just for a change.

MANGE des légumes de saison : C'EST TROP BON !
Eat seasonal vegetables: So good!

ET TOI, AS-TU UN LÉGUME PRÉFÉRÉ POUR TA QUICHE SANS PÂTE ?
And you, do you have a favorite vegetable for your crustless quiche?

D'AUTRES PLATS AU QUINOA
Of other dishes quinoa
Other Dishes with Quinoa

RÉALISE d'autres plats au quinoa à l'aide de la recette de la **SALADE NIÇOISE AU QUINOA**
Make other dishes with quinoa using the **Niçoise Salad** recipe **with Quinoa**

à la page 44.
on page 44.

QUINOA AUX LÉGUMES DE SAISON
Quinoa with Seasonal Vegetables

Pour 6 personnes
for 6 people
Serves 6

- **SUIS** la même recette pour faire cuire ton quinoa, en utilisant la même quantité de quinoa.
  Follow the same recipe to cook your quinoa, using the same quantity of quinoa.

  REMPLACE l'eau par du bouillon de légumes, si tu veux. Ton quinoa sera encore plus parfumé.
  Replace the water with vegetable broth[43] if you like. Your quinoa will even be more flavorful.

- **AJOUTE** des légumes de saison à ton quinoa pour un plat coloré et savoureux.
  Add seasonal vegetables to your quinoa for a colorful and flavorsome dish.

  DES LÉGUMES DE SAISON À FAIRE CUIRE AVEC TON QUINOA :
  Some seasonal vegetables to cook with your quinoa:

- des courges comme 1 courge poivrée ou la ½ d'une courge musquée,
  some squash, such as 1 acorn squash or ½ a butternut squash,

  1 à 2 patates douces, 1 à 2 rutabagas, 3 à 4 carottes ou même 1 joli bulbe de fenouil
  1 to 2 sweet potatoes, 1 to 2 rutabagas, 3 to 4 carrots, or even 1 nice bulb of fennel

  Tu peux bien sûr combiner différentes sortes de légumes pour varier les plaisirs.
  You can, of course, combine different types of vegetables just for a change.

---

[43] USE low-sodium vegetable broth and lightly salt your quinoa afterward.

- **COUPE** les légumes pelés (sauf le bulbe de fenouil, lave-le et essuie-le)
  Cut the peeled vegetables (except the bulb of fennel, wash it and dry it)

  en cubes de taille moyenne. *NE COUPE PAS les cubes trop petits, sinon ils s'écrasent*
  in medium-sized cubes. *DON'T CUT the cubes too small, otherwise they will fall apart*

  dans ton quinoa pendant la cuisson. Tu peux aussi les ajouter 5 ou 10 minutes après le début de la cuisson.
  in your quinoa while cooking. You can also add them 5 or 10 minutes after cooking has started.

- **FAIS**-les **CUIRE** avec le quinoa à l'étape **n°2** de la recette, après avoir fait revenir le quinoa.
  Cook them with the quinoa at step **#2** of the recipe, after having sautéed the quinoa.

  SUIS la même recette, mais **attention, MODIFIE-la** à l'étape n°4 :
  Follow the same recipe, but **careful, modify** it at step #4:

- **ASSAISONNE** ton quinoa aux légumes quand il est cuit et encore chaud :
  Season your quinoa with vegetables when it is cooked and still hot:

  AJOUTE 2 pincées de sel, 2 pincées de poivre (facultatif), 6 cuillères à soupe
  Add 2 pinches of salt, 2 pinches of pepper (optional), about 6 tablespoons

  d'huile d'olive environ et un filet de jus de citron (facultatif). **MÉLANGE** bien à chaque fois avec une spatule.
  of olive oil, and a dash of lemon juice (optional). **Mix** well each time with a spatula.

  DEMANDE de l'aide pour goûter et rectifier ton assaisonnement, si nécessaire.
  Ask for help to taste and adjust your seasoning, if necessary.

- **SERS** ton quinoa aux légumes bien chaud.
  Serve your quinoa with vegetables nice and warm.

  D'AUTRES LÉGUMES ? *(Mais oui !)*
  Some more vegetables? *(Oh, yes!)*

  DES LÉGUMES DE SAISON À FAIRE CUIRE SÉPARÉMENT* :
  Some seasonal vegetables to cook separately*:

  *Ou à ajouter au quinoa en fin de cuisson.
  *Or to add to the quinoa at the end of cooking.

- **UTILISE 500 g / 18 oz d'épinards frais ou une belle botte de bettes** équeutés, lavés,
  Use 500 g/18 oz fresh spinach or a nice bunch of (Swiss) chard trimmed, washed,

  égouttés et déchirés en petits morceaux, si les feuilles sont grandes.
  drained, and torn in small pieces, if the leaves are big.

- **FAIS CUIRE** les épinards ou les bettes à feu moyen-doux, dans un fait-tout couvert, avec
  Cook the spinach or chard over medium-low heat, in a covered saucepan, in

  un peu d'huile d'olive, pendant 1 minute environ pour les épinards, 5 minutes environ
  a bit of olive oil, for about 1 minute for the spinach, about 5 minutes

  pour les bettes, ou jusqu'à ce qu'ils tombent et commencent à flétrir.
  for the chard, or until they collapse and begin to wilt.

- **SALE** et **POIVRE** (facultatif) légèrement les épinards ou les bettes.
  Salt and **pepper** (optional) lightly the spinach or the chard.

- **AJOUTE** les épinards ou les bettes légèrement égouttés au quinoa cuit et
  Add your lightly drained spinach or your chard to the cooked quinoa and

  MÉLANGE- les à l'aide d'une spatule.
  mix them with a spatula.

  Le jus de cuisson des légumes va parfumer le quinoa.
  The cooking juice of the veggies will flavor the quinoa.

- **ASSAISONNE** ton quinoa aux épinards ou bettes comme précédemment.
  Season your quinoa with spinach or chard as before.

- **UTILISE 350 g / 12 oz de champignons** lavés, séchés et coupés en lamelles.
  Use 350 g/12 oz mushrooms, washed, dried, and sliced.

- **FAIS CUIRE** les champignons à feu moyen, dans une poêle, avec un peu d'huile d'olive,
  Cook the mushrooms over medium heat, in a frying pan, with a bit of olive oil,

  en les remuant régulièrement à l'aide d'une spatule, pendant 5 à 10 minutes environ, ou
  tossing them regularly with a spatula, for about 5 to 10 minutes, or

  jusqu'à ce qu'ils rendent leur jus et soient tendres.
  until they release their juice and become tender.

- **SUIS** les mêmes étapes que précédemment.
  Follow the same steps as before.

- **UTILISE 400 g / 14 oz / une belle tête de brocoli** lavé, séché et divisé en petits bouquets.
  Use 400 g/14 oz /1 nice head of broccoli washed, dried, and split into small florets.

- **FAIS CUIRE** le brocoli **À LA VAPEUR** pendant 5 à 7 minutes environ, ou jusqu'à ce qu'il
  Steam the broccoli for about 5 to 7 minutes, or until it

  soit tendre mais croquant.
  is tender but crunchy.

- **SUIS** les mêmes étapes que précédemment.
  Follow the same steps as before.

Tu peux bien sûr combiner différentes sortes de légumes pour varier les plaisirs.
You can, of course, use a combination of different types of vegetables just for a change.

Tous ces légumes se marient bien avec le quinoa et ajoutent couleur et saveur à ton plat.
All these vegetables go nicely with quinoa and add color and flavor to your dish.

MANGE des légumes de saison : C'EST TROP BON !
Eat seasonal vegetables: So good!

ET TOI, AS-TU DES LÉGUMES PRÉFÉRÉS QUI SE MARIENT BIEN AVEC TON QUINOA ?
And you, do you have favorite vegetables that go nicely with your quinoa?

UN AUTRE PLAT AU QUINOA ? *(Mais oui !)*
Another dish with quinoa? *(Oh, yes!)*

BURGERS DE QUINOA
Quinoa Burgers

Pour 6 à 8 personnes
for 6 to 8 people
Serves 6 to 8

- **UTILISE 525 g / 18,5 oz / 4 tasses de quinoa cuit et refroidi**
  USE 525 g/18 ½ oz/4 cups of quinoa cooked and cooled quinoa

  (166 g / 6 oz / 1 tasse de quinoa cru te donne environ 525 g / 18,5 oz / 4 tasses de quinoa cuit).
  (166 g/6 oz/1 cup of raw quinoa gives you about 525 g / 18 ½ oz / 4 cups of cooked quinoa).

- **MÉLANGE bien** à la fourchette le quinoa cuit avec **3 œufs battus**, dans un grand saladier.
  Using a fork, **mix** the cooked quinoa **well** with **3 beaten eggs** in a large salad bowl.

- **AJOUTE** environ **80 g / 3 oz / 1 tasse de poudre / farine d'amande (ou de chapelure)**
  Add about **80 g/3 oz/1 cup almond meal/flour**[44] **(or breadcrumbs)**

  et **MÉLANGE bien** pour obtenir une préparation épaisse.
  and **mix well** to get a thick mixture.

- **AJOUTE 50 g / 1,8 oz / ½ tasse de parmesan ou gruyère râpé** à la préparation et **MÉLANGE.**
  Add **50 g/1 ⅔ oz/½ cup grated Parmesan or Gruyère cheese** to the mixture and **mix.**

- **SALE** et **POIVRE (facultatif)** la préparation. **RÉSERVE.**
  Salt and **pepper (optional)** the mixture. **Set aside.**

  La préparation doit être assez épaisse et moelleuse pour former tes burgers.
  The mixture should be thick and moist enough in order to shape your burgers.

  Pas de panique si ta préparation est trop épaisse ou trop sèche : AJOUTE un peu plus
  No need to panic if your mixture is too thick or too dry: add a bit more

  d'œuf battu ou d'eau. Inversement, si elle n'est pas assez épaisse ou elle est trop liquide,
  beaten egg or water. Conversely, if it is not thick enough or it is too runny,

  AJOUTE un peu plus de farine d'amande.
  add a bit more almond flour.

  DEMANDE de l'aide pour rectifier ta préparation, si nécessaire.
  Ask for help to adjust your mixture, if necessary.

- **VERSE** environ **80 g / 3 oz / 1 tasse de poudre / farine d'amande** sur une grande assiette.
  Pour about **80 g/3 oz/1 cup almond meal/flour** onto a large plate.

  ÉTALE-la uniformément pour recouvrir l'assiette.
  Spread it evenly to cover the plate.

---

[44] Did you know that almond flour is gluten-free, unlike breadcrumbs? Super, if you follow a gluten-free diet!

BURGERS DE QUINOA
Quinoa Burgers

Pour 6 à 8 personnes
for 6 to 8 people
Serves 6 to 8

- **UTILISE 525 g / 18,5 oz / 4 tasses de quinoa cuit et refroidi**
  USE 525 g/18 ½ oz/4 cups of quinoa cooked and cooled quinoa

  (166 g / 6 oz / 1 tasse de quinoa cru te donne environ 525 g / 18,5 oz / 4 tasses de quinoa cuit).
  (166 g/6 oz/1 cup of raw quinoa gives you about 525 g / 18 ½ oz / 4 cups of cooked quinoa).

- **MÉLANGE bien** à la fourchette le quinoa cuit avec **3 œufs battus**, dans un grand saladier.
  Using a fork, **mix** the cooked quinoa **well** with **3 beaten eggs** in a large salad bowl.

- **AJOUTE** environ **80 g / 3 oz / 1 tasse de poudre / farine d'amande (ou de chapelure)**
  Add about **80 g/3 oz/1 cup almond meal/flour**[44] **(or breadcrumbs)**

  et **MÉLANGE bien** pour obtenir une préparation épaisse.
  and **mix well** to get a thick mixture.

- **AJOUTE 50 g / 1,8 oz / ½ tasse de parmesan ou gruyère râpé** à la préparation et **MÉLANGE**.
  Add **50 g/1 ⅔ oz/½ cup grated Parmesan or Gruyère cheese** to the mixture and **mix**.

- **SALE** et **POIVRE (facultatif)** la préparation. **RÉSERVE.**
  Salt and **pepper (optional)** the mixture. **Set aside.**

  La préparation doit être assez épaisse et moelleuse pour former tes burgers.
  The mixture should be thick and moist enough in order to shape your burgers.

  Pas de panique si ta préparation est trop épaisse ou trop sèche : AJOUTE un peu plus
  No need to panic if your mixture is too thick or too dry: add a bit more

  d'œuf battu ou d'eau. Inversement, si elle n'est pas assez épaisse ou elle est trop liquide,
  beaten egg or water. Conversely, if it is not thick enough or it is too runny,

  AJOUTE un peu plus de farine d'amande.
  add a bit more almond flour.

  DEMANDE de l'aide pour rectifier ta préparation, si nécessaire.
  Ask for help to adjust your mixture, if necessary.

- **VERSE** environ **80 g / 3 oz / 1 tasse de poudre / farine d'amande** sur une grande assiette.
  Pour about **80 g/3 oz/1 cup almond meal/flour** onto a large plate.

  ÉTALE-la uniformément pour recouvrir l'assiette.
  Spread it evenly to cover the plate.

---

[44] Did you know that almond flour is gluten-free, unlike breadcrumbs? Super, if you follow a gluten-free diet!

- **PRENDS** environ une poignée de ta préparation avec tes mains mouillées et **FORME** une
Take about a handful of your mixture with wet hands and **shape** a

boule, puis **APLATIS**-la en forme de burger sur l'assiette recouverte de farine d'amande ;
ball, then **flatten** it into the form of a burger on the plate covered with almond flour;

RECOUVRE ensuite le burger de farine d'amande et **DÉPOSE**-le sur une assiette propre.
then **cover** the burger with almond flour and **lay** it on a clean plate.

RÉSERVE.
Set aside.

- **PROCÈDE** de la même façon à chaque fois, jusqu'à épuisement de ta préparation.
Proceed the same way each time, until your mixture is used up.

MOUILLE tes mains à chaque fois : c'est plus facile pour former tes burgers, car la
Wet your hands each time: that makes it easier to shape your burgers, since the

préparation a tendance à coller aux doigts !
mixture tends to stick to fingers!

Tu obtiens environ 6 à 8 burgers d'1,25 cm / ½ pouce d'épaisseur.
You get about 6 to 8 burgers, each 1.25 cm/½ inch thick.

- **FAIS CHAUFFER** un filet d'huile d'olive à feu moyen, dans une grande poêle à fond épais
Heat a dash of olive oil over medium heat in a large, heavy-bottomed frying pan

et **DÉPOSE** 4 burgers, s'ils tiennent tous dans la poêle avec assez d'espace entre eux
and **place** 4 burgers, if they all fit in the pan with enough space between them

(s'ils ne sont pas serrés comme des sardines !). **POSE** un couvercle sur la poêle et
(if they are not squashed up like sardines!). **Put** a lid[45] on the pan and

FAIS CUIRE les burgers à feu moyen pendant 4 à 5 minutes, ou jusqu'à ce que le dessous soit doré.
cook the burgers over medium heat for 4 to 5 minutes, or until the bottom is golden brown.

- **RETOURNE délicatement** chaque burger à l'aide d'une grande spatule et **FAIS CUIRE**
Carefully turn over each burger using a large spatula and **cook**

pendant 4 à 5 minutes, ou jusqu'à ce que le dessous soit doré.
for 4 to 5 minutes, or until the bottom is golden brown.

- **FAIS CUIRE** les autres burgers de la même façon.
Cook the other burgers the same way.

DEMANDE de l'aide pour préparer ta poêle et faire cuire tes burgers, si nécessaire.
Ask for help to prepare your pan and to cook your burgers, if necessary.

---

[45] When you use a lid, the oil doesn't splash onto the stovetop and the flavors are locked in the pan, so your burgers are more flavorful. (And you won't have messed up the kitchen!)

- **SERS** tes burgers de quinoa avec un filet d'huile d'olive et de citron, ou même avec de la
Serve your quinoa burgers with a dash of olive oil and lemon, or even with some

moutarde de Dijon. **ACCOMPAGNE**-les d'une belle salade verte ou de légumes cuits.
Dijon mustard. **Serve** them with a nice green salad or cooked vegetables.

MANGE du quinoa : C'EST TROP BON !
Eat quinoa: So good!

ET TOI, AS-TU UN PLAT AU QUINOA PRÉFÉRÉ ?
And you, do you have a favorite quinoa dish?

DESSERTS : VARIATIONS
Desserts: Variations

MOUSSE AU CHOCOLAT TRADITIONNELLE
Mousse   with chocolate   traditional
Traditional Chocolate Mousse

RÉALISE la mousse au chocolat traditionnelle à l'aide de la recette de
Make the traditional chocolate mousse using

la **MOUSSE SOYEUSE AU CHOCOLAT** à la page 66.
the **Silky Chocolate Mousse** recipe on page 66.

Cette mousse au chocolat traditionnelle est prévue pour 6 personnes.
This traditional chocolate mousse serves 6 people.

- REMPLACE **le tofu soyeux** par **6 œufs**.
  REPLACE the **silken tofu** with **6 eggs**.

- PRÉPARE ta mousse de la même façon, mais **MODIFIE** ta recette à l'étape **n°5** :
  Prepare your mousse the same way, but **modify** your recipe at step **#5**:

- CASSE 6 œufs.
  Crack 6 eggs.

- SÉPARE les blancs des jaunes d'œufs dans 3 saladiers : 3 jaunes d'œufs
  Separate the whites from the egg yolks into 3 salad bowls: 3 yolks

  dans le premier saladier, 3 jaunes d'œufs dans le deuxième saladier et 6 blancs dans le troisième saladier.
  in the first salad bowl, 3 yolks in the second salad bowl, and 6 whites in the third salad bowl.

- UTILISE SEULEMENT **3 jaunes d'œufs** et **6 blancs** pour une mousse plus légère.
  Use only 3 egg yolks[46] and **6 whites** for a lighter mousse.

  NOTE : Pas de panique si un peu de jaune d'œuf tombe dans tes blancs quand tu les sépares !
  Note: No need to panic if a bit of egg yolk falls into your whites when you separate them!

  REPÊCHE-le avec une moitié de coquille d'œuf vide !
  Fish it out with half of an empty egg shell!

  DEMANDE de l'aide pour séparer les blancs des jaunes d'œufs, si nécessaire.
  Ask for help to separate the whites from the egg yolks, if necessary.

---

[46] Keep the 3 remaining yolks in an airtight container in the refrigerator to use in another recipe.

- **BATS** les 3 jaunes d'œufs dans le saladier avec une fourchette.
  Beat the 3 egg yolks in the salad bowl with a fork.

- **AJOUTE** le chocolat fondu et refroidi aux 3 jaunes d'œufs battus.
  Add the melted and cooled[47] chocolate to the 3 beaten egg yolks.

- **MÉLANGE** bien avec la spatule.
  Mix well with the spatula.

- **AJOUTE** 1 pincée de sel dans les 6 blancs d'œufs. (Pour avoir des blancs en neige ferme.)
  Add 1 pinch of salt to the 6 egg whites. (To get stiff peaks in the egg whites.)

- **BATS** les blancs d'œufs **en neige ferme** avec un batteur électrique.
  Whisk the egg whites with an electric mixer **until they form stiff peaks.**[48]

- **INCORPORE délicatement** ⅓ des blancs en neige au mélange chocolat fondu et
  Gently fold ⅓ of the egg whites **into** the melted chocolate and

  jaunes d'œufs. **MÉLANGE très délicatement** avec ta spatule.
  egg yolk mixture. **Mix very gently** with your spatula.

- **INCORPORE** ensuite le reste des blancs en neige et **MÉLANGE très délicatement**.
  Next **fold in** the remaining egg whites, and **mix very gently**.

  DEMANDE de l'aide pour battre les blancs d'œufs et les incorporer au chocolat, si nécessaire.
  Ask for help to whisk the egg whites and fold them into the chocolate, if necessary.

- **RETOURNE** à l'étape n°7 de la **MOUSSE SOYEUSE AU CHOCOLAT**.
  Return to step #7 of the **Silky Chocolate Mousse**.

  SUIS la même recette, bien sûr !
  Follow the same recipe, of course!

BON APPÉTIT !
Good appetite!
Enjoy your mousse!

---

[47] You risk cooking your yolks if your chocolate is too warm!
[48] Your egg whites are ready when they hold their shape when the beaters are held upside down.

D'AUTRES CLAFOUTIS AUX FRUITS DE SAISON
Of other   fruits   of   season
Other Clafoutis with Seasonal Fruits

RÉALISE d'autres clafoutis à l'aide de la recette du **CLAFOUTIS AUX ABRICOTS** à la page 84.
Make other clafoutis using the **Apricot Clafoutis** recipe on page 84.

CHANGE les fruits de la recette **selon ce qui est en saison dans ta région** : les fruits de saison sont délicieux !
Change the fruits in the recipe **according to what is in season in your region**: seasonal fruits are delicious!

Ces autres clafoutis aux fruits de saison sont prévus pour 6 personnes.
These other clafoutis with seasonal fruits serve 6 people.

CLAFOUTIS AUX CERISES
Cherry Clafoutis

- UTILISE **500 g / 18 oz de cerises** lavées, séchées et équeutées.
  Use **500 g/18 oz cherries** washed, dried, and stems removed.

  NOTE : PRÉVIENS tes convives que les cerises **n'ont pas été dénoyautées.**
  Note: **Warn** your guests that the cherries **have not been pitted.**

- DÉPOSE les cerises au fond d'un moule huilé et fariné. **RÉSERVE.**
  Lay the cherries on the bottom of an oiled and floured pan. **Set aside.**

- RETOURNE à l'étape **n°4** du **CLAFOUTIS AUX ABRICOTS** et **SUIS** la même recette.
  Return to step **#4** of the **Apricot Clafoutis** and **follow** the same recipe.

CLAFOUTIS AUX CERISES ET AUX FRAMBOISES
Cherry and Raspberry Clafoutis

- UTILISE **400 g / 14 oz de cerises** dénoyautées, lavées, séchées et équeutées et **170 g / 6 oz de**
  Use **400 g/14 oz cherries** pitted, washed, dried, and stems removed and **170 g/6 oz**

  framboises fraîches, lavées et **légèrement** séchées. (Sinon les framboises ramollissent et s'abîment.)
  fresh raspberries, washed and **lightly** dried. (Otherwise the raspberries will soften and spoil.)

  NOTE : PRÉVIENS tes convives que les cerises **n'ont pas été dénoyautées.**
  Note: **Warn** your guests that the cherries **have not been pitted.**

- DÉPOSE les cerises et les framboises au fond d'un moule huilé et fariné. **RÉSERVE.**
  Lay the cherries and raspberries on the bottom of an oiled and floured pan. **Set aside.**

- RETOURNE à l'étape **n°4** du **CLAFOUTIS AUX ABRICOTS** et **SUIS** la même recette.
  Return to step **#4** of the **Apricot Clafoutis** and **follow** the same recipe.

CLAFOUTIS AUX PRUNES
Plum Clafoutis

- **500 g / 18 oz / environ 10 à 12 prunes mûres** de taille moyenne, lavées, séchées, coupées en 2 et dénoyautées.
  500 g/18 oz/about 10 to 12 ripe, medium-sized **plums,** washed, dried, cut in half,[49] and pitted.

- **SUIS** la même recette, bien sûr !
  Follow the same recipe, of course!

CLAFOUTIS AUX MANGUES
Mango Clafoutis

- **UTILISE 2 mangues mûres** de taille moyenne, pelées, coupées en 2, dénoyautées et détaillées en petits dés.
  Use 2 ripe, medium-sized **mangoes,** peeled, cut in half, pitted, and diced small.

- **REMPLACE** la ½ ou la totalité du lait par du lait concentré non sucré, de la crème liquide ou du yaourt grec.
  Replace ½ or all the milk with unsweetened condensed milk, heavy cream, or Greek yogurt.

- **PARFUME** ton clafoutis avec du gingembre frais ou en poudre :
  Flavor your clafoutis with fresh or ground ginger:

  3 cm / 1,25 pouce environ de gingembre pelé et râpé ou 1 cuillère à café de gingembre en poudre.
  about 3 cm/1 ¼ inches ginger, peeled and grated, or 1 teaspoon ground ginger.

  C'est délicieux avec les mangues.
  This is delicious with mangoes.

  PARFUME ta pâte selon ton goût, ou sois aventureux (aventureuse) !
  Flavor your batter according to your taste, or be adventurous!

- **SUIS** la même recette, bien sûr !
  Follow the same recipe, of course!

  D'AUTRES CLAFOUTIS ? *(Mais oui !)*
  Some more clafoutis? *(Oh, yes!)*

---

[49] If you use mirabelles, small yellow-gold plums, leave them whole with the pit. They are delicious, but TELL your guests they haven't been pitted!

CLAFOUTIS AUX POMMES ET AUX POIRES
Apple and Pear Clafoutis

- **UTILISE 1 à 2 pommes et 1 à 2 poires mûres** de taille moyenne, épluchées, épépinées,
  Use 1 to 2 medium-sized **apples and 1 to 2 ripe,** medium-sized **pears,** peeled, seeded,

  et râpées (pommes) ou coupées en fines lamelles (poires).
  and grated (apples) or thinly sliced (pears).

- **REMPLACE** la ½ ou même la totalité de la farine d'épeautre par la même quantité de poudre d'amande.
  Replace ½, or even all, the spelt flour with the same quantity of almond meal.

- **SUIS** la même recette, bien sûr !
  Follow the same recipe, of course!

  NOTE : Tu peux ajouter environ 50 g / environ 2 oz de noix en morceaux ou d'éclats d'amande
  Note: You can add about 50 g/about 2 oz walnut pieces or slivered almonds

  et les mélanger avec tes fruits.
  and mix them with your fruits.

  Comme ça, ton clafoutis aux pommes et aux poires sera un peu croquant : c'est super bon !
  Like that, your apple and pear clafoutis will be a bit crunchy: Super good!

CLAFOUTIS AUX BANANES ET À LA NOIX DE COCO
Banana and Coconut Clafoutis

- **UTILISE 2 à 3 bananes mûres** de taille moyenne, pelées et coupées en fines rondelles.
  Use 2 ripe, medium-sized **bananas,** peeled and thinly sliced.

- **REMPLACE** l'extrait de vanille pur par environ 50 g / environ 2 oz de noix de coco râpée finement.
  Replace the pure vanilla extract with about 50 g/about 2 oz finely shredded coconut.

- **SUIS** la même recette, bien sûr !
  Follow the same recipe, of course!

  OU MÊME... *(Encore !... Mais oui !)*
  Or even... *(More!... Oh, yes!)*

CLAFOUTIS À L'ORANGE ET AU CHOCOLAT
Orange and Chocolate Clafoutis

- **UTILISE :**
  Use:

- 3 œufs
  3 eggs

- 50 g / 1,8 oz / environ ¼ de tasse de sucre de canne blond
  50 g/1 ⅔ oz/about ¼ cup natural cane sugar

- 50 g / 1,8 oz / environ ½ tasse de farine d'épeautre (ou farine de blé)
  50 g/1 ⅔ oz/about ½ cup spelt flour (or wheat flour)

- 300 ml / 10 fl oz de lait concentré non sucré
  300 ml/10 fl. oz unsweetened condensed milk

- le zeste râpé et le jus d'1 belle orange
  the grated zest and juice of a nice orange

- 150 g / 5,3 oz de chocolat noir pâtissier en pépites ou en tablette(s) à faire fondre au bain-marie
  150 g/5 ⅓ oz dark baking chocolate[50] chips[51] or bar(s) to melt in a bain-marie/double boiler[52]

- **PRÉPARE** ton clafoutis de la même façon, mais à l'étape **n°8** de la recette du
  Prepare your clafoutis the same way, but at step **#8** of the of the

  CLAFOUTIS AUX ABRICOTS, AJOUTE le jus d'orange, puis le zeste râpé et le chocolat fondu.
  Apricot Clafoutis recipe, **add** the orange juice, then the grated zest and the melted chocolate.

- **MÉLANGE bien à chaque fois** avec ton fouet à main.
  Mix well each time with your whisk.

- **SUIS** la même recette, bien sûr !
  Follow the same recipe, of course!

MANGE des fruits de saison : C'EST TROP BON !
Eat seasonal fruits: So good!

ET TOI, AS-TU UN CLAFOUTIS AUX FRUITS PRÉFÉRÉ ?
And you, do you have a favorite fruit clafoutis?

---

[50] USE dark or semisweet baking chocolate.

[51] If you are using chocolate chips, you can add them to your batter without melting them.

[52] Bain-marie cooking technique: melt your chocolate as in the recipe of the Silky Chocolate Mousse (page 70) with a bit of water or milk.

GÂTEAU AU YAOURT ET AUX FRUITS DE SAISON
Cake with yogurt and fruits of season
Yogurt Cake with Seasonal Fruits

RÉALISE d'autres gâteaux au yaourt à l'aide de la recette du **GÂTEAU AU YAOURT** à la page 94.
Make other yogurt cakes using the **Yogurt Cake** recipe on page 94.

AJOUTE des fruits de saison dans ton gâteau au yaourt. Ils sont délicieux !
Add seasonal fruits to your yogurt cake. They are delicious!

Pas besoin d'ajouter plus de sucre dans ta pâte.
No need to add more sugar to your batter.

Pour 6 à 8 personnes
for 6 to 8 people
Serves 6 to 8

- UTILISE :
  Use:

- **1 à 2 pommes ou 1 à 2 poires mûres,** de taille moyenne, épluchées, épépinées, râpées ou
  1 to 2 apples or 1 to 2 pears ripe, medium-sized, peeled, seeded, grated or

  coupées en tranches fines et arrosées d'un filet de citron
  thinly sliced, and sprinkled with a dash of lemon[53]

- **250 g / 9 oz ou environ 2 pots (de yaourt) de framboises fraîches,** lavées et
  250 g/9 oz or about 2 (yogurt) containers fresh raspberries,[54] washed and

  légèrement séchées *(sinon les framboises ramollissent et s'abîment)*
  lightly dried *(otherwise the raspberries will soften and spoil)*

- **250 g / 9 oz ou environ 2 pots (de yaourt) de myrtilles fraîches,** lavées et séchées
  250 g/9 oz or about 2 (yogurt) containers fresh blueberries,[55] washed and dried

  Tu peux bien sûr combiner différentes sortes de fruits pour varier les plaisirs.
  You can, of course, combine different types of fruit just for a change.

---

[53] The dash of lemon prevents your fruits from turning brown.
[54] Use frozen berries when they're out of season. You don't need to thaw them for this recipe.
[55] See Note 54 above.

NOTE : Pour éviter que tes framboises ou myrtilles ne tombent au fond du moule,
Note: To avoid your raspberries or blueberries falling to the bottom of the pan,

METS-les dans un bol, **SAUPOUDRE**-les d'environ 1 cuillère à soupe de farine, puis
put them in a bowl, **sprinkle** them with about 1 tablespoon flour, then

MÉLANGE-les délicatement, sans les écraser, afin de les enrober de la farine.
mix them carefully, without crushing them, to coat them with the flour.

AJOUTE et **MÉLANGE** les fruits légèrement enrobés de farine, à ta pâte parfumée
Add and **mix** the fruits, lightly coated with flour, into your flavored batter

à l'étape n°7 de la recette du **GÂTEAU AU YAOURT**.
at step **#7** of the **Yogurt Cake** recipe.

- **SUIS** la même recette, bien sûr !
  Follow the same recipe, of course!

NOTE : Tu peux changer le parfum de ta pâte à l'étape n°7. **PARFUME** ta pâte avec
Note: You can change your batter's flavor at step **#7**. **Flavor** your batter with

des épices en poudre selon les fruits choisis :
ground spices according to the fruits selected:

- 1 à 2 cuillères à café de cannelle en poudre avec les pommes ou les poires
  1 to 2 teaspoons ground cinnamon with apples or pears

- 1 à 2 cuillères à café de gingembre ou de cardamome en poudre avec les framboises,
  1 to 2 teaspoons ground ginger or cardamom with raspberries,

  les myrtilles, et même les pommes ou les poires.
  the blueberries, and even apples or pears.

MANGE des fruits de saison : C'EST TROP BON !
Eat seasonal fruits: So good!

ET TOI, AS-TU UN FRUIT PRÉFÉRÉ POUR TON GÂTEAU AU YAOURT ?
And you, do you have a favorite fruit for your yogurt cake?

D'AUTRES GALETTES DES ROIS
Of other   round pie   of the kings
Other Kings' Galettes

RÉALISE d'autres galettes des rois à l'aide de la recette de la GALETTE DES ROIS À LA CRÈME D'AMANDES
Make other kings' galettes using the **Kings' Galette with Almond Cream** recipe

à la page 104.
on page 104.

CHANGE la garniture de ta galette des rois en utilisant des fruits de saison et même du chocolat !
Change the filling of your kings' galette using seasonal fruits and even some chocolate!

Ces autres galettes des rois sont prévues pour 4 à 6 personnes.
These other kings' galettes serve 4 to 6 people.

GALETTE DES ROIS AUX POMMES ET À LA CANNELLE
Kings' Galette with Apples and Cinnamon

- UTILISE :
  Use:

- **environ 3 à 4 pommes** de taille moyenne, épluchées, épépinées, coupées en fines lamelles
  about 3 to 4 apples[56] medium-sized, peeled, seeded, thinly sliced,

  et arrosées de quelques gouttes de jus de citron fraîchement pressé
  and sprinkled with a few drops of freshly squeezed lemon juice

- **65 g / 2,3 oz / environ ⅓ de tasse de sucre de canne blond + 1 à 2 cuillères à café de**
  65 g/2 ⅓ oz/about ⅓ cup natural cane sugar + 1 to 2 to teaspoons

  cannelle en poudre mélangés dans un bol
  ground cinnamon mixed in a bowl

- **RÉSERVE** ta garniture puis **RETOURNE** à l'étape n°4 de la GALETTE DES ROIS À LA CRÈME D'AMANDES
  Set aside your filling then **return** to step #4 of the **Kings' Galette with Almond Cream**

  et **SUIS** la même recette jusqu'à l'étape n°6.
  and **follow** the same recipe until step **#6**.

---

[56] Use baking apples such as Royal Gala, Granny Smith, or Braeburn.
The quantity of apples must be generous, since the apples reduce as they cook.

- À l'étape n°6, **DISPOSE** les lamelles de pommes citronnées sur le premier cercle de
  At step **#6, place** the thin slices of lemon-flavored apples on the first circle of

  pâte feuilletée **en laissant environ 2,5 cm / 1 pouce sur les bords,** puis **SAUPOUDRE**-les
  puff pastry **leaving about 2.5 cm/1 inch around the edges,** then **sprinkle** them

  du mélange de sucre + cannelle. N'OUBLIE PAS DE DÉPOSER la fève dans les pommes !
  with the sugar + cinnamon mix. Don't forget to place the lucky charm in the apples!

- **SUIS** la même recette, bien sûr !
  Follow the same recipe, of course!

  NOTE : Tu peux parsemer ton premier cercle de pâte feuilletée d'1 cuillère à soupe
  Note: You can sprinkle your first circle of puff pastry with 1 tablespoon

  de poudre d'amande pour absorber le jus des pommes pendant la cuisson, avant de disposer les
  almond meal to absorb the apple juice during cooking, before placing the

  lamelles de pommes sur la pâte.
  slices of apples on the pastry.

  Et si ça te dit, tu peux même réaliser une galette ouverte en t'arrêtant après l'étape n°6 de
  And if you feel like it, you can even make an open-faced galette by stopping after step #6 of

  la recette : **ROULE** les bords de ta pâte feuilletée jusqu'aux pommes et **FAIS CUIRE**
  the recipe: **Roll** the edges of your puff pastry up to the apples and **bake**

  ta galette ouverte **à four chaud** à 180° C (350° F) pendant environ 30 minutes,
  your open-faced galette **in a hot oven** at 180° C (350° F) for about 30 minutes,

  ou jusqu'à ce qu'elle soit dorée. Ta galette ouverte est maintenant une tarte aux pommes !
  or until it is golden brown. Your open-faced galette is now an apple tart!

- **SERS**-la tiède nature ou avec une boule de glace à la vanille.
  Serve it slightly warm as is or with a scoop of vanilla ice cream.

  C'est délicieux !
  It is delicious!

  La version de cette recette **aux poires** est aussi délicieuse.
  The version of this recipe **with pears** is also delicious.

GALETTE DES ROIS AUX POMMES ET AUX FRAMBOISES
Kings' Galette with Apples and Raspberries

- **UTILISE :**
  Use:

- 2 **pommes** de taille moyenne, épluchées, épépinées, coupées en petits dés
  2 **apples**[57] medium-sized, peeled, seeded, and diced small

- 100 g / 3,5 oz de **framboises fraîches,** lavées et **légèrement** séchées
  100 g/3 ½ oz fresh **raspberries,**[58] washed and **lightly** dried

  (sinon les framboises ramollissent et s'abîment)
  (otherwise the raspberries will soften and spoil)

- 65 g / 2,3 oz / environ ⅓ de tasse de sucre de canne blond
  65 g/2 ⅓ oz/about ⅓ **cup natural cane sugar**

- **METS** les petits dés de pomme dans une casserole avec environ 1 cuillère à soupe d'eau
  Put the small-diced apples in a saucepan with about 1 tablespoon of water

  (pour éviter que les pommes accrochent en début de cuisson), **AJOUTE** le sucre de canne
  (to prevent the apples from clinging at the beginning of the cooking), **add** the cane sugar

  et **MÉLANGE** avec une spatule.
  and **mix** with a spatula.

- **FAIS CUIRE** à couvert sur feu doux pendant environ 15 à 20 minutes, ou jusqu'à que les
  Cook covered on low heat for about 15 to 20 minutes, or until the

  pommes soient cuites, puis **AJOUTE** les framboises fraîches et **LAISSE MIJOTER**
  apples are cooked, then **add** the fresh raspberries and **simmer**

  environ 5 minutes à découvert pour obtenir une compote : tes fruits ramollissent complètement et
  for about 5 minutes, uncovered, for a compote: your fruits will soften completely and

  s'écrasent comme une compote.
  combine as a compote.

- **ÉCRASE** la compote avec une fourchette pour obtenir une purée grossière avec des
  Crush the compote with a fork for a coarse puree with

  petits morceaux de fruits.
  small pieces of fruit.

- **GOÛTE** la compote refroidie et **AJOUTE** du sucre si elle est trop acide.
  Taste the cooled compote and **add** some sugar if it is too acidic.

- **VERSE**-la dans un bol et **LAISSE-la REFROIDIR** complètement.
  Pour it in a bowl and **let** it **cool** completely.

---

[57] See Note 56 above.

[58] Use frozen raspberries when out of season. You don't need to thaw them for this recipe, but cook them with your apples, instead of separately as you do with the fresh raspberries.

DEMANDE de l'aide pour préparer ta compote de fruits, si nécessaire.
Ask for help to prepare your fruit compote, if necessary.

- RETOURNE à l'étape n°4 de la GALETTE DES ROIS À LA CRÈME D'AMANDES
  Return to step **#4** of the **Kings' Galette with Almond Cream**

  et **SUIS** la même recette jusqu'à l'étape n°6.
  and **follow** the same recipe until step **#6.**

- À l'étape n°6, VERSE la compote refroidie au centre du premier cercle de pâte feuilletée, puis
  At step **#6, pour** the cooled compote in the middle of the first circle of puff pastry, then

  ÉTALE-la uniformément avec une spatule, **en laissant environ 2,5 cm / 1 pouce sur les bords.**
  spread it evenly with a spatula, **leaving about 2.5 cm/1 inch around the edges.**

  N'OUBLIE PAS DE DÉPOSER la fève dans ta compote !
  Don't forget to place the lucky charm in your compote!

- SUIS la même recette, bien sûr !
  Follow the same recipe, of course!

  ET POUR TERMINER EN BEAUTÉ !
  And to finish with a flourish!

GALETTE DES ROIS AU CHOCOLAT ET AUX POIRES
Kings' Galette with Chocolate and Pears

- UTILISE :
  Use:

- 80 g / 3 oz de chocolat noir cassé en morceaux (ou pépites de chocolat noir)
  80 g/3 oz dark chocolate[59] broken into pieces (or dark chocolate chips)

- 30 g / 1 oz de beurre mou
  30 g/1oz soft butter

- 65 g / 2,3 oz / environ ⅓ de tasse de sucre de canne blond
  65 g/2 ⅓ oz/about ⅓ cup natural cane sugar

- 1 œuf battu à la fourchette
  1 egg, beaten with a fork

- 1 à 2 poires de taille moyenne, épluchées, épépinées, coupées en petits dés et arrosées
  1 to 2 pears, medium-sized, peeled, seeded, diced small, and sprinkled

  de quelques gouttes de jus de citron fraîchement pressé.
  with a few drops of freshly squeezed lemon juice.

---

[59] USE dark baking chocolate or semisweet baking chocolate.

- **FAIS FONDRE** les morceaux de chocolat au bain-marie, puis **AJOUTE** le beurre mou
  Melt the chocolate pieces in a bain-marie/double boiler,[60] then **add** the soft butter

  au chocolat fondu, hors du feu, et **MÉLANGE** avec une spatule.
  to the melted chocolate, remove from the heat, and **mix** with a spatula.

- **INCORPORE** le sucre de canne blond, puis l'œuf battu.
  Stir in the natural cane sugar, then the beaten egg.

  RÉSERVE.
  Set aside.

- **SUIS** la même recette jusqu'à l'étape n°6.
  Follow the same recipe until step #6.

- À l'étape n°6, **VERSE** le chocolat au centre du premier cercle de pâte feuilletée, puis
  At step **#6, pour** the chocolate in the middle of the first circle of puff pastry, then

  ÉTALE-le uniformément à l'aide d'une spatule, **en laissant environ 2,5 cm / 1 pouce sur les bords.**
  Spread it evenly with the help of a spatula, **leaving about 2.5 cm/1 inch around the edges.**

  DÉPOSE ensuite les petits dés de poire sur le chocolat.
  Then **place** the small-diced pears on top of the chocolate.

  N'OUBLIE PAS DE DÉPOSER la fève dans le chocolat !
  Don't forget to place the lucky charm in the chocolate!

- **SUIS** la même recette, bien sûr !
  Follow the same recipe, of course!

  NOTE : Tu peux ajouter environ 40 g / 1 oz de poudre d'amande à ta garniture au chocolat
  Note: You can add about 40 g/1 oz almond meal to your chocolate filling

  si tu ne peux pas te passer du goût des amandes dans ta galette !
  if you can't do without the taste of almonds in your galette!

  ET TOI, AS-TU UNE GALETTE DES ROIS PRÉFÉRÉE ?
  And you, do you have a favorite kings' galette?

---

[60] Bain-marie cooking technique: Melt your chocolate with about 2 tablespoons of water or milk, like in the recipe for **Silky Chocolate Mousse** on page 70.

ACKNOWLEDGMENTS

This book could not have been completed without the constant support of my dear friend and assistant Emily. And special thanks to my friends, Kay, Shelley, Jacob, and Brian, and all those who ate their way through these recipes.

I am very grateful for my incredible team: Lesley Cameron, for her amazing editorial help; Jamie Wright, who brought the recipes to life through his beautiful photographs; Clémentine Latron, whose darling illustrations truly embody the spirit of the book; Kathy Mitchell, who helped turn the cover from vision to reality; and Ann Gowan-Smith, for expertly knitting together all the various pieces of this very singular book.

Finally, thank you so very much to my husband, Ron, for his support, love and encouragement.

ABOUT THE AUTHOR

Elisabeth de Châtillon was born in France, has an MA in Education and Marketing, and has taught extensively in both the USA and Europe. She is also an accomplished home cook who enjoys sharing her love for French cooking by feeding her family and friends simple, good food. This book was born from her combined love of teaching and cooking—and a desire to share that love and knowledge.

When Elisabeth isn't working or cooking, she likes stepping on her yoga mat, meditating, swimming in the ocean and lakes, walking in the beautiful outdoors, and traveling. She currently lives in Nashville, TN, with her husband, Ron, and Minou, her bilingual cat.

For more information, visit www.handsonfrench.com.

Printed in the USA
CPSIA information can be obtained
at www.ICGtesting.com
LVHW060929171223
766686LV00003B/50